A madame
Suzanne,
en espérant que le
goût du bon
chocolat vous
subjugue

Découvertes Chocolatières

Répertoire des artisans chocolatiers du Québec

Je dois mon premier
contact précis
avec la notion d'infini
à une boîte de cacao
de marque hollandaise,
matière première
de mes petits déjeuners.

Michel Leiris, ethnologue et écrivain
L'Âge d'homme, L'infini (Gallimard)

Ramon Annen

Découvertes Chocolatières

Répertoire des artisans chocolatiers du Québec

Les Éditions GID

Édition
  Serge Lambert et Hélène Riverin

Concept graphique et mise en pages
  Hélène Riverin

Révision linguistique
  Bernard Audet

Suivi de production
  Johanne Dupont

Distribution
  Distribution Filigrane inc.
  7460, boulevard Wilfrid-Hamel
  Québec (Québec) G2G 1C1
  Téléphone : (418) 877-3666
  Télécopieur : (418) 877-3741
  distributionfiligrane@gidweb.com

Dépôt légal – Bibliothèque nationale du Québec, 2005
Dépôt légal – Bibliothèque nationale du Canada, 2005

 © LES ÉDITIONS GID, 2005
7460, boulevard Wilfrid-Hamel
Québec (Québec)
CANADA G2G 1C1

Téléphone : (418) 877-3110
Télécopieur : (418) 877-3741
Courriel : editions@gidweb.com
leseditionsgid.com

Société de développement des entreprises culturelles
Québec

Nous remercions la SODEC pour le soutien financier accordé à notre maison d'édition par l'entremise de son Programme d'aide aux entreprises du livre et de l'édition spécialisée ainsi que le gouvernement du Québec pour son Programme de crédit d'impôt pour l'édition du livre – Gestion SODEC.

Nous reconnaissons l'aide financière du gouvernement du Canada par l'entremise du Programme d'aide au développement de l'industrie de l'édition (PADIÉ) pour nos activités d'édition et l'en remercions.

Imprimé au Canada
ISBN 2-922668-71-1

Remerciements

Pour s'aventurer dans une production telle que ce répertoire dit professionnel, il est impossible d'y réussir sans l'appui de certaines personnes. C'est donc avec beaucoup de reconnaissance que nous désirons souligner leur soutien.

Premièrement, mon épouse et compagne, qui m'a toujours épaulé, dans les mauvais et les bons moments. L'homme évolue grâce à ce soutien quasi permanent. Merci Colette, ce livre est un peu le tien.

Ensuite, mon bon ami Jean Béland, écrivain et auteur, ancien professeur de français au secondaire. Il a fait la première correction de tous les textes, et ce, bénévolement. Un travail assez important merci. Il m'a donné ce goût du bien écrire et du respect de la langue, qui est de plus en plus en danger, malgré les signaux factuels de certains devins. Il est aussi le gardien de mes écarts, lorsque certains acteurs font que mon adrénaline se retrouve au point culminant de l'éruption de l'autodéfense. Un gros merci Jean, tu es et tu resteras un ami plus que précieux. Un vrai.

Impossible, dans la même lancée, d'oublier tous mes amis(es) du club d'écriture «Les Plumes Jasantes», de Chambly. Malgré le fait qu'ils ou elles pouvaient douter que ce répertoire serait édité un jour, jamais une remarque désobligeante. Merci encore et longue vie au club.

Il y a tous les intervenants du côté publicitaire qui jouent un rôle crucial dans l'élaboration d'un tel répertoire. Qu'ils reçoivent toute ma gratitude. Ils sont les gardiens, parfois anonymes, de la vitalité d'une profession qui se veut créative et durable. L'argent étant en grande partie le nerf de la guerre, je comprends que leur engagement soit nécessaire, même si cela peut parfois créer des dépendances.

Je termine avec les artisans chocolatiers, sans exception aucune. Autant le milieu peut paraître narcissique, autant j'y ai rencontré des passionnés, comme je le suis, et des êtres remarquables. C'est pour ceux-ci et les autres que ce répertoire va devenir une réalité, tout en essayant de donner une crédibilité à un artisanat trop souvent ridiculisé par le poids considérable des manufacturiers et industriels de tout acabit. Tenez bon dans votre recherche de l'excellence et de l'évolution des goûts de vos clients, l'avenir de la chocolaterie artisanale se trouve entre vos mains.

En dernier, pour clore, je désire dire le plaisir d'avoir trouvé une maison d'édition où je me suis senti immédiatement à l'aise, ce qui simplifie parfois le travail quelque peu ardu de toutes les opérations. Sans oublier le souci de recherche et du petit détail qui fait souvent la différence entre bon et moyen. Monsieur Serge Lambert, soyez assuré de mon obligation envers vous.

Ramon Annen

Table des matières

Liste des encadrés

Préface

Jean Béland
Écrivain

Plus loin, toujours plus loin !

Nos routes se sont croisées au carrefour de nos passions respectives : le chocolat et l'écriture. Pourtant, rien ne laissait présager cette rencontre qui allait marquer le début d'une solide amitié.

Ce jour-là, en septembre 1998, j'ai rencontré Ramon Annen, un citoyen et homme du monde, passionné jusqu'à la fibre et résolu à aller plus loin, toujours plus loin.

Originaire de la Suisse, où il a reçu sa formation en confiserie-pâtisserie et fait ses premières armes dans le domaine, on le retrouve au Québec dès 1967 comme chef pâtissier, d'abord à Montréal durant quelques années, et ensuite dans un hôtel de Baie-Comeau. Il reviendra à Montréal en 1974. Par la suite, dès 1976, il exercera son art dans diverses villes étrangères : La Romana, en République dominicaine, Dallas, au Texas, Lausanne, en Suisse, où il a accompagné deux de ses fils en apprentissage, et départ, dès 1983, pour Limassol, puis Chypre et Vancouver, d'où il reprendra le chemin du Québec en 1986 pour s'y établir enfin définitivement.

Comme en témoigne sa bibliothèque, partout où il a passé, il a appris. Avec cette sorte d'acharnement qui le caractérise, il a appris sur le chocolat, bien sûr, mais aussi sur les êtres humains qui peuplent notre planète si petite pour lui. Son parcours lui a aussi permis de communiquer en quatre langues : le français et l'allemand, dans son pays, l'italien, de par les origines de sa mère, et l'anglais appris au Texas, autant de fenêtres ouvertes sur le grand livre des connaissances, autant de sources d'inspiration et de créativité.

Doté d'une vision universelle, Ramon Annen est aussi un être entier pour qui les obstacles ne sont que des défis et les limites, que des objectifs. Plus loin, toujours plus loin !

Ses personnages en pâte d'amande portent le sceau de sa passion, tout comme les textes qu'il a patiemment ciselés pour rédiger ce répertoire. Consciencieux et enthousiaste, il a visité lui-même la plupart des chocolatiers dont il trace le portrait dans son ouvrage. Il les a écoutés, observés, admirés aussi, le plus souvent, et chaque page, chaque paragraphe porte la trace de sa passion pour la « matière bénie des dieux » selon sa propre expression.

Le survol toujours trop rapide de sa collection de souvenirs et de photos ne cesse de surprendre et de susciter l'admiration. Que de chemin parcouru par cet homme depuis 1950, année au cours de laquelle il a obtenu son certificat de confiseur-pâtissier ! Plus de 55 années de travail minutieux, de patientes recherches, d'application ininterrompue, toute une vie de travail couronnée par des réussites de toutes sortes, le tout teinté d'une passion communicative comme en témoigne le parcours qu'il nous propose dans son ouvrage. Un parcours à la fois « sucré » et envoûtant, à l'image de toutes les passions humaines.

Merci Ramon d'offrir aux lecteurs et aux amateurs de chocolat un morceau du grand homme que tu es sous ta toque de chocolatier émérite.

Avant-propos

Ramon Annen
Auteur

L ors du lancement de l'aventure d'un répertoire des artisans chocolatiers du Québec, certains critères avaient été établis. En premier lieu, nous désirions respecter une certaine convivialité dans le traitement des sujets, mais surtout maintenir notre intégrité à l'égard des chocolatiers et des fournisseurs de couvertures de chocolat.

Comme il vous sera aisé de le constater, il n'y a aucun classement ni commentaire critique concernant tant les artisans chocolatiers que les produits fabriqués et vendus. Le seul but de ce répertoire est de faire connaître le plus grand nombre de chocolatiers, petits et grands, dans les régions du Québec, depuis l'ouest jusqu'à la pointe est de la province. En parcourant ce répertoire, on notera certainement l'absence de quelques noms. Cet état de chose n'est pas le résultat de représailles de notre part, mais dans la plupart de ces cas, nous devons malheureusement déplorer un manque de collaboration.

Tous les textes traitant de nos artisans, sans exception, sont le reflet authentique de l'histoire et du parcours de chaque artisan conformément à ce qu'il nous a fourni; dans certains cas, il s'agissait d'un minimum d'information. Par contre, nos diverses recherches nous ont parfois permis de dénicher le petit artisan inconnu, ainsi que des gens passionnés, motivés et charmants, ce qui, avouons-le, est un peu la cerise sur le gâteau!

Nous espérons que ce petit ouvrage sans prétention vous permettra de connaître d'autres facettes du suave produit des dieux qu'est le chocolat. C'est le but recherché et nous vous en remercions au nom de nos artisans chocolatiers.

PREMIÈRE PARTIE

Le cacao,
Du chocolat,
Un chocolatier...

Qu'est-ce que le chocolat

Le chocolat, avant d'être chocolat, c'est une fève, et avant d'être une fève, c'est une cabosse, et avant d'être une cabosse, c'est une fleur, et la fleur est dans l'arbre, le cacaoyer ou cacaotier (*Theobroma cacao*) de la famille des sterculiacées. Cet arbre ne croît que dans les régions tropicales humides, à l'abri du soleil ardent. Bien qu'il puisse atteindre une hauteur de 15 mètres, en cacaoyère on le taille pour qu'il n'excède pas 5 à 7 mètres et que son port s'élargisse, rendant ainsi les cabosses plus faciles à atteindre. Garni de longues feuilles vert foncé, le cacaoyer est couvert de fleurs à l'année. En fait, se côtoient sur l'arbre feuilles, boutons, fleurs et fruits, et ce sont ces fruits, appelés cabosses, qui intéressent l'amateur de chocolat. Les cabosses poussent en grappes à même le tronc et sur les branches les plus solides. Se présentant dans un camaïeu d'orangé et de rouge, selon son degré de maturité, la baie oblongue peut faire jusqu'à 30 cm de long sur 15 cm de large et peser entre 500 et 1000 g. Une fois ouverte (écabossage), la baie offre une pulpe gélatineuse blanche et collante dans laquelle on compte de 30 à 70 précieuses fèves. C'est là qu'entre en jeu tout l'art de la transformation développé au fil des siècles, car la fève nature est trop amère pour être consommée telle quelle.

Les variétés de cacaoyer

Sous la chaleur tropicale, selon que l'on soit en Amérique centrale, en Amérique du Sud, en Afrique ou en Asie, on cultive trois espèces de cacaoyer.

Le **Criollo** (mot qui signifie « créole », en espagnol) est une espèce qui pousse surtout en Amérique centrale et en Amérique du Sud. Elle est issue des cacaoyers que les Mayas cultivaient au VIᵉ siècle. Des fèves du

Criollo on tire des cacaos très fins et fort aromatiques. Cependant, comme cette espèce est difficile à cultiver, elle produit peu (5 à 10 % de la production mondiale). La rareté de ce produit haut de gamme oblige les chocolatiers à l'utiliser avec parcimonie, le plus souvent en association avec les autres variétés. Les principaux crus qu'on en tire sont le Chuao, le Porcelana et le Sambrino.

Le **Forastero** (mot qui signifie « étranger », en espagnol) est la variété la plus répandue. On la cultive principalement en Afrique, où elle a été introduite par l'homme, ainsi qu'au Brésil et en Équateur d'où elle provient. De croissance rapide, on tire du Forastero 80 % de la production mondiale de cacao. Ce cacao au goût plus amer et aux arômes acides est principalement utilisé en mélange pour la fabrication industrielle. Cependant, la variété cultivée en Équateur produit un cru remarquable pour sa finesse et sa délicatesse, l'Arriba.

Le **Trinitario** est une variété hybride issue du croisement naturel entre le Criollo et le Forastero. Né dans l'île de Trinidad, on le trouve aussi en Amérique latine, en Indonésie et au Sri Lanka. La culture de cette variété fournit un cacao fin qui représente entre 10 et 15 % de la production mondiale.

De la cacaoyère au croqueur de chocolat

L'art de la transformation de la fève de cacao, qui mène à ce produit exquis qui titille les sens de millions d'amateurs dans le monde, est composé d'une succession d'étapes effectuées dans le respect de la matière et du temps. Pour qui sait maîtriser ce savoir-faire, nul doute que la délicatesse du produit sera au rendez-vous.

De la cabosse au cacao

Sept à huit ans après sa plantation, le cacaoyer commence à être productif. Des milliers de petites fleurs qui couvrent chaque arbre en permanence, seulement 1 % sera fécondé par les insectes pollinisateurs. De fleurs à cabosses, la croissance prend de 5 à 7 mois et un maximum de 25 cabosses fructifient annuellement sur chaque arbre en maturité. La récolte se fait généralement deux fois par année. On peut à peine imaginer la quantité de cabosses qu'il est nécessaire de récolter pour rencontrer la demande quand on sait que 20 cabosses produisent environ 1 kg de fèves. Après la cueillette des cabosses, le cueilleur voit à l'écabossage, manuel ou mécanique, et à l'extraction des graines de la matière gélatineuse blanche, collante et sucrée qui les emprisonne. Les graines ainsi recueillies sont mises à fermenter pendant 2 à 9 jours, à une chaleur atteignant les 40 à 50 degrés Celsius. Puis c'est le séchage au soleil (durant 7 à 14 jours) ou à l'aide de séchoirs électriques (durée maximum de 7 jours). À cette étape, les fèves doivent être fréquemment brassées et retournées. Suivent ensuite le triage, le calibrage et la classification des fèves. Et voilà prête la fève de cacao.

Les fèves de cacao sont ensuite entreposées au frais, dans des espaces bien aérés en vue de la phase suivante, la torréfaction, qui permet aux saveurs de se développer. Une fois torréfiées, les fèves sont refroidies, puis concassées (pour les débarrasser de leur coque), tamisées, dégermées et broyées à haute température; la pâte épaisse qui s'était formée se liquéfie sous l'action de la chaleur. Et voilà façonnée la pâte de cacao, une matière composée d'environ 50 % de beurre de cacao qui deviendra poudre ou chocolat.

Poudre de cacao…

Si l'on souhaite obtenir de la poudre de cacao, on doit extraire le beurre de cacao (que l'on réserve pour d'autres usages en chocolaterie) de la pâte par pressage. Le résidu solide obtenu à la suite de ce traitement s'appelle le tourteau. Pulvérisé, le tourteau devient poudre. Reste l'étape d'alcalinisation qui confère à la poudre la propriété de se dissoudre facilement dans l'eau ou le lait. Et voilà née la poudre de cacao

… ou suave chocolat

Mais si l'on souhaite obtenir du chocolat, on doit procéder à l'assemblage des pâtes de cacao provenant des trois variétés de cacaoyer (il est rare qu'un chocolat soit le pur produit d'une seule sorte de fève) selon des recettes éprouvées, fruits d'un savoir-faire professionnel particulier. Une fois l'assemblage élaboré, la pâte est malaxée, additionnée de sucre et parfois de poudre de lait et de vanille dans des proportions variables, selon le type de chocolat que l'on désire obtenir. Le mélange est alors affiné par broyage afin que les particules atteignent une extrême finesse. Mais là ne s'arrête pas le processus, car, pour parfaire le produit, vient l'étape du conchage, un procédé inventé par le chocolatier suisse Lindt, en 1880. En conchant la pâte affinée, c'est-à-dire en la chauffant, l'agitant, l'additionnant de beurre de cacao, la pétrissant, l'écrasant dans d'immenses bassins munis de rouleaux mobiles, on obtient une matière à la texture lisse, onctueuse et fluide. Le produit est enfin tempéré de façon à obtenir un chocolat d'aspect brillant et homogène. Moulé puis plié sous forme de tablettes, ce chocolat, appelé chocolat de couverture solide, est fin prêt pour le chocolatier, à moins qu'il ne lui préfère le chocolat de couverture liquide issu directement du conchage, ou la pâte de cacao, procédant lui-même aux étapes subséquentes. Quoiqu'il choisisse, le maître chocolatier peut maintenant déployer tout son art pour créer recettes et produits qui sauront plaire aux amateurs de chocolat. Et voilà le chocolat offert dans toute sa saveur, qu'il soit noir, latté, sucré, pimenté, alcoolisé... tout étant alors affaire de goût et de créativité!

Origine du mot chocolat

Les mots *cacao* et *chocolat* tirent leur origine des langues parlées par les Mayas et les Aztèques à l'époque précolombienne. Pour nommer le cacao, les Aztèques utilisaient le mot *cacahuatl*, et le mot *cacahuaquahuitl* pour désigner le cacaoyer. Le fruit du cacaoyer, la cabosse, était dit *cacahuacintli* dans la langue aztèque, quant au mot *cabosse* utilisé en français, il viendrait de l'espagnol *cabeza* signifiant tête, le fruit oblong rappelant un peu cette forme. Quant au mot *chocolat*, il aurait fait son apparition dans la langue française au XVIIᵉ siècle et proviendrait de la langue maya, *xocoalt* (phonétiquement «tchocoatl»).

Enfin, le nom scientifique de la plante, *Theobroma cacao*, donné en 1734 par le botaniste suédois Carl von Linné (1707-1778), fut créé à partir des mots grecs *theos*, signifiant «dieu», et *broma*, «breuvage», rappelant ainsi le mythe des origines divines du chocolat.

Comment on nomme le chocolat ici et là à travers le monde.

Allemand : schokolade
Anglais : chocolate
Danois : chocolade
Espagnol : chocolate
Finlandais : sukiaa
Flamand : chocolade
Grec : sokolata
Italien : cioccolato
Néerlandais : chocolaad
Norvégien : sjokolade
Polonais : zsekolada
Portuguais : chocolate
Russe : chokalade
Servo-croate : cokolada
Suédois : choklad
Turc : çikolata

Un peu d'histoire

Le chocolat, suave nourriture des dieux, a des origines fort lointaines. On raconte que 4000 ans avant Jésus-Christ, le cacaoyer poussait à l'état sauvage dans les régions tropicales de l'Amérique du Sud et que les autochtones recouraient aux vertus thérapeutiques de sa fève. Ce sont les Mayas qui l'auraient introduit au Mexique où ils entreprirent de le cultiver. Découvertes archéologiques à l'appui, en l'occurrence un récipient contenant encore des résidus de chocolat, l'usage avéré de cet aliment remonte au VIe siècle, dans cette terre mexicaine, guatémaltèque et hondurienne qu'occupera pendant plusieurs siècles le vaste et riche empire des Mayas. Dans cette civilisation, le cacaoyer, c'était l'arbre de vie, l'arbre dispensateur de fortune et de force. Pour cela, il était associé au divin, et le *xocoalt*, la boisson qu'on en tirait, composée de fèves de cacao broyées et rôties, d'épices, de miel et d'eau, accompagnait les rituels importants. En outre, la fève de cacao revêtait une grande valeur commerciale, étant à la base des systèmes monétaires maya, toltèque et aztèque; une citrouille valait 4 fèves, un lapin, 10, un esclave, 100.

Chez les Toltèques, dont la civilisation fleurit au Mexique du Xe au XIIe siècle, l'on chérissait également cet arbre et ses fruits pour ses bienfaits. Le village de Tula, situé un peu au nord de l'actuelle ville de Mexico, était alors le site de la capitale de l'empire, et son fondateur, Topiltzin, était assimilé au dieu Quetzalcóatl. Vénéré par les Toltèques, représenté tantôt sous la forme d'un vieillard masqué tantôt sous la forme d'un serpent à plumes, Quetzalcóatl était réputé avoir enseigné aux hommes l'art de la culture du cacaoyer et de la transformation de la fève de cacao en une boisson aux multiples vertus. Le déclin de la civilisation toltèque, au XIIe siècle, sans doute la conséquence de luttes intestines, fut interprété par les Toltèques comme le contrecoup du départ du dieu civilisateur qui avait fui sa capitale pour gagner le Yucatan. L'annonce qu'il avait faite de son retour entra dans la mythologie comme un espoir de jours meilleurs.

Les Aztèques (du Xe au XVIe siècle), qui s'établirent dans la lagune de Mexico via Tula, héritèrent des Toltèques la vénération du cacaoyer et de celui qui en avait révélé les bienfaits, Quetzalcóatl, le dieu désormais attendu. Comme chez les Mayas et les Toltèques, les divers stades de la culture du cacaoyer donnaient lieu à des cérémonies diverses. En outre, les fèves étaient non seulement à la base d'une boisson très appréciée, mais elles étaient à la fois offrandes aux dieux et aux morts, et médecines utilisées par les guérisseurs qui leur prêtaient diverses propriétés curatives. Le chocolat, alors une boisson amère et épicée, était le breuvage favori de l'empereur aztèque Moctezuma qui ne manquait pas de le mettre au menu de toutes ses réceptions, faisant servir le précieux liquide dans des coupes d'or. C'est probablement ce faste qui impressionna le conquérant espagnol Hernán Cortés (1485-1547) lorsqu'il débarqua chez les Aztèques, en 1519. Il semblerait en effet que le goût du chocolat l'eut moins émerveillé que la nature des coupes qui le contenaient. En contrepartie,

Christophe Colomb (1451-1506)

Avant Cortés, c'est à Christophe Colomb qu'avait été révélé le cacao qu'il dégusta en 1502, lors de son dernier voyage au Nouveau Monde, alors que la *Santa Maria* mouillait au large de l'île de Guanaja (près du Honduras actuel). Il aurait jugé la mixture imbuvable, amère et épicée qu'elle était. Il repartit néanmoins avec un sac de fèves qu'il avait troqué contre de la verroterie. Là s'arrêta cependant ce premier contact avec le chocolat.

l'arrivée en grand apparat du conquistador espagnol, de ses armées aux cuirasses étincelantes et de ses chevaux caparaçonnés fut perçue par les Aztèques comme l'incarnation du retour attendu du dieu Quetzalcóatl, que l'on imaginait tout aussi majestueux. Cette confusion expliquerait le peu de résistance qu'offrirent les Aztèques face à l'envahisseur espagnol et leur bienveillance première à leur endroit. L'empereur alla même jusqu'à remettre son royaume à Cortés, y incluant les revenus d'une vaste plantation de cacaoyers dont les fèves, ne l'oublions pas, servaient de monnaie. Hélas, le débarquement espagnol n'avait rien de divin, il allait plutôt sonner le glas de l'empire aztèque, et changer la face du monde.

D'un point de vue alimentaire, Cortés eut le mérite de permettre au cacao de faire son entrée sur le vieux continent. En effet, de retour au pays, le conquistador rapporta dans les cales de ses navires moult richesses et curiosités issues du Nouveau Monde parmi lesquelles des aliments nouveaux comme la tomate, le maïs, le tabac, et de simples fèves de cacao, sans doute le moins spectaculaire de tous les trésors rapportés. En cette année 1528, l'Espagnol n'imaginait sans doute pas que le cacao allait conquérir les palais du monde entier pour des siècles et des siècles!

La conquête gustative fut relativement rapide. En 1585, l'Espagne, où l'on consommait déjà du chocolat, reçoit sa première cargaison commerciale de cacao en provenance du Nouveau Monde. Ce furent d'abord les moines, en Espagne, premiers dépositaires de la recette du chocolat et gardiens du secret, qui le fabriquèrent, y associant divers parfums pour en atténuer l'amertume : girofle, fleur d'oranger, cannelle. La noblesse espagnole s'en étant entichée, la nouvelle boisson réchauffa bientôt les coeurs de toute l'Europe royale et aristocratique, en passant par les Flandres et les Pays-Bas, ainsi que par l'Italie, en 1606, et ce, malgré les efforts de certains théologiens et savants pour dénigrer le produit. Mais les vertus du chocolat s'avérèrent plus fortes que la rumeur propagée par ses détracteurs. Pendant longtemps, cependant, la divine boisson demeura l'apanage des riches. Volontairement, on avait fait imposer des taxes importantes pour empêcher le menu peuple de se procurer cette «nourriture des dieux». L'histoire du chocolat suit donc d'abord une voie royale. À la cour de France, en 1615, c'est l'Espagnole Anne d'Autriche (1601-1666), future épouse du roi Louis XIII (1601-1643), qui apporta la bonne nouvelle chocolatée. Les vertus de la boisson ne manquèrent pas de faire aussitôt des adeptes. Une cinquantaine d'années plus tard, la reine Marie-Thérèse d'Autriche (1638-1683), épouse du roi Louis XIV (1638-1715), n'hésita pas à clamer que ses deux seules passions étaient le roi et le chocolat! Louis XIV partageant la passion de la reine, en fit servir à Versailles et commanda l'établissement de plantations de cacaoyers dans les Antilles françaises. Bardé d'une telle réputation, le chocolat allait susciter l'envie de tous. Boire du chocolat devint une activité à la mode. Tributaire de la mère patrie, la colonie française d'Amérique du Nord, la Nouvelle-France, n'allait pas échapper à cette ferveur.

En Nouvelle-France, la première mention de chocolat est relevée dans l'inventaire de la boutique du marchand Charles Aubert de La Chesnaye (1632-1702), en 1702. Le chocolat était alors un produit assez coûteux, son prix pouvant fluctuer entre 1 et 6 livres. À titre d'exemple, un inventaire de 1714 rapporte que la valeur de deux livres de chocolat était estimée à 3 livres, et qu'une livre de café valait environ 8 livres. À cette époque, le chocolat parvenait à Québec par bateau sous forme de billes ou de graines séchées au soleil. Les fèves provenaient des Antilles françaises (Martinique), du Brésil, de Cuba ou des Antilles anglaises. À partir du produit primaire, un artisan amorçait le long processus de transformation. En premier lieu, on prenait garde de ne pas trop rôtir les fèves. Elles devaient demeurer brunes car, pensait-on, et contrairement à ce qui se faisait en France, en grillant trop les fèves, le chocolat perdrait de son onctuosité. Une fois rôties, les fèves étaient passées à la meule de pierre et chauffées afin que les huiles du cacao (beurre) s'incorporent à la masse. Lorsque la pâte était assez chaude, elle était coulée dans des moules de fer-blanc de forme cylindrique. Ces moules, aussi appelés billes, pouvaient contenir de 2 à 3 livres de matière chocolatée qu'il était plus aisé de râper ainsi façonnée. Enveloppées dans du papier et remisées dans un lieu sec, les billes de chocolat pouvaient être conservées

Préparation du chocolat à la manière des îles françaises de l'Amérique (chocolat chaud à la mode du milieu du XVIIIᵉ siècle)

Râper 4 onces (125 g) de chocolat;
Mélanger 2 à 3 pincées de cannelle en poudre;
Ajouter 2 onces (60 g) de sucre en poudre;
Mettre le tout dans une chocolatière, avec un œuf frais, et mélanger jusqu'à consistance mielleuse;
Verser du lait ou de l'eau chaude et bien incorporer le tout au fouet;
Mettre la chocolatière sur le feu ou au bain-marie;
Quand la mousse monte, retirer la chocolatière du feu ou de l'eau bouillante;
Fouetter et verser dans des tasses.

Variante : ajouter une cuillère d'eau de fleur d'oranger avant de fouetter et de verser.

pendant 5 à 6 mois. Le chocolat était également importé sous forme de tablettes de 4 ou 8 onces (125 ou 250 g). Il est difficile de préciser la date exacte de l'arrivée de cette forme de chocolat dans la colonie, mais des documents anciens attestent que, vers 1749, un orfèvre de Québec possédait du chocolat apprêté de cette façon.

Le chocolat importé en tablettes était préparé différemment de celui expédié en billes ou sous forme de fèves. Tout d'abord, à l'étape du meulage, on incorporait trois quarts de sucre. Puis, une fois le sucre bien mélangé, on ajoutait une poudre très fine composée de gousses de vanille et de bâtons de cannelle, si désiré on ajoutait aussi une goutte d'essence d'ambre (résine de pin). Déjà, chaque fabricant avait sa recette dont le secret résidait dans le dosage et l'addition ou non de cannelle et de vanille. Le chocolat ainsi fabriqué était dit *à croquer*. C'est d'ailleurs en 1674, en Angleterre, que fut dégusté pour la première fois du chocolat à croquer que l'on appela «chocolat en boudins à l'espagnole». Le succès fut éclatant, voire historique! Mais en Nouvelle-France, dans la majorité des cas, on préférait encore boire le chocolat. Servi au petit déjeuner, le chocolat, tout comme le café et le thé, était consommé par les personnes d'un certain niveau social. Des inventaires du XVIIIe siècle révèlent d'ailleurs que certains ménages, sans doute les plus aisés, comptaient à leur actif des ustensiles qui servaient à la préparation et à la consommation de la boisson chocolatée : chocolatière en cuivre rouge, tasses à chocolat, râpes à chocolat. Le cacao, et plus particulièrement le beurre de cacao, était aussi apprécié pour ses propriétés cosmétiques et médicinales. Ainsi, utilisé en pommade, il était réputé pour raffermir le teint des dames; en onguent, il servait pour soigner les rhumatismes et traiter les hémorroïdes ou la goutte. Il entrait également dans la préparation d'emplâtres.

Alors que l'élite de la Nouvelle-France, à l'instar de celle de la mère patrie, adoptait le chocolat, les chocolatiers européens poursuivaient le développement du produit, tant et si bien que le chocolat se démocratisa. En Angleterre, où la première chocolaterie fut ouverte en 1657 par un Français qui en lançait la mode, la popularité du produit devint telle qu'il fut bientôt loisible aux hommes et aux femmes du peuple de déguster le chocolat dans des *Chocolate houses*. En France, la popularisation du chocolat fut lancée par Jean-Baptiste Colbert (1619-1683), contrôleur général des finances sous Louis XIV, qui voyait dans la consommation du chocolat à une plus large échelle une occasion de stimuler l'économie des colonies équatoriales où des cacaoyères avaient été implantées. En outre, en 1693, le privilège de fabriquer et de vendre du chocolat, qui jusque-là nécessitait l'autorisation du roi, fut abandonné, ouvrant la voie à la propagation du chocolat dans un plus large réseau. Lorsque la mécanisation de la fabrication du chocolat prit de l'ampleur, en 1778, la France était la première importatrice de cacao et ses chocolateries pouvaient s'enorgueillir d'être à la fine pointe de la technologie industrielle.

Le XVIIIᵉ siècle allait donc voir les artisans se multiplier et les progrès techniques leur offrir de nouveaux procédés destinés à alléger leur tâche. Il faut dire que la fabrication du chocolat était – et est toujours – constituée d'une longue suite d'étapes qui nécessitaient dextérité et savoir-faire. Par conséquent, certaines tâches, fastidieuses, ont bénéficié grandement d'apports technologiques tels que l'arrivée des presses hydrauliques ou des machines à vapeur. Ces nouveaux engins ne tarderont pas à révo-

Évolution technologique et naissance de chocolateries industrielles

Au fil des ans, et en particulier aux XVIIIᵉ et XIXᵉ siècles, des inventeurs ont mis au service des artisans des outils devenus indispensables. Voici en quelques dates les principales étapes de cette évolution.

1728   Première utilisation d'une presse hydraulique.

1732   Amélioration des techniques de broyage des fèves par le Français DuBuisson qui proposa des tables horizontales chauffées au charbon de bois afin de permettre à l'ouvrier de travailler debout plutôt qu'accroupi.

1770	Fondation en France de la première entreprise industrielle, la Compagnie des chocolats et des thés Pelletier & Cie.
1778	Invention par le Français Doret d'une machine hydraulique pour broyer, mélanger et agglomérer la pâte de cacao.
1780	Les chocolateries de Bayonne s'équipent de machines à vapeur.
1815	Coenraad Van Houten ouvre sa fabrique de chocolat à Amsterdam; il est le précurseur d'une nouvelle ère technique dans le domaine de l'industrialisation.
1819	Pelletier fait construire à Paris la première usine à vapeur.
1819	François-Louis Cailler ouvre la première chocolaterie mécanisée de Suisse à Corsier-sur-Vevey.
1820	Jean-Antoine Brutus Menier installe à Noisel-sur-Marne, en France, la première chocolaterie à l'échelle industrielle.
1826	Création en Suisse de la chocolaterie industrielle Suchard (Philippe Suchard, Serrières).
1828	Brevet par Van Houten pour son chocolat en poudre grâce à l'invention de sa presse à cacao et du procédé appelé *dutching* qui améliore la solubilité de la poudre.
1831	Création en Angleterre de la chocolaterie industrielle Cadbury.
1842	Création en France de la chocolaterie industrielle Barry (Charles Barry).
1847	Création en France de la chocolaterie industrielle Poulain (Victor-Auguste Poulain).
1847	Fry and Sons (Bristol, Angleterre) crée la première tablette de chocolat.
1847	Brevet de fabrication du chocolat-confiserie tel qu'il existe aujourd'hui.
1850	François Jules Devinck met au point un torréfacteur, un mélangeur et une peseuse.
1875	Invention du lait condensé par Henri Nestlé.
1876	Daniel Peter (Vevey, Suisse) invente un moyen de faire du chocolat au lait en utilisant du lait condensé.
1879	Le Suisse Rodolphe Lindt ouvre une fabrique de chocolat à Berne. Il fabrique le premier chocolat fondant au monde (chocolat de couverture) grâce à un procédé de son invention, le conchage.

1899	Ouverture de la fabrique de Jean Tobler, à Berne, en Suisse.
1912	Jean Neuhaus (Belgique) invente la première coquille de chocolat solide qui permet de fabriquer des chocolats fourrés (appelés pralines en Belgique); il invente aussi le ballotin.
1913	Le confiseur suisse Jules Sechaud (de Montreux en Suisse), introduit un procédé pour fabriquer des chocolats fourrés.

lutionner les modes de production en facilitant les étapes de torréfaction, d'affinage, de broyage. Ainsi, la mécanisation ouvrait-elle la porte à la production de masse du chocolat.

Aujourd'hui, le chocolat occupe une place privilégiée dans l'alimentation. Gourmandises de choix, une grande variété de produits chocolatés haut ou bas de gamme garnissent les étalages des chocolateries comme des grandes surfaces d'alimentation, voire les envahissent à certaines périodes de l'année. En effet, pour tous les amateurs de chocolat, gourmets et gourmands, quelques fêtes se prêtent tout particulièrement à la dégustation. Ainsi le chocolat règne-t-il sur la Saint-Valentin, Pâques, la fête des Mères, Noël. Sans compter que l'amateur est maintenant conforté dans sa passion à grand renfort d'études qui ne manquent pas de souligner les qualités d'antioxydant, d'antidépresseur ou d'anti-âge du chocolat. Chaque jour, des millions de personnes consomment cette «nourriture des dieux» aux parfums quasi célestes. Selon des données de 2002 (Caobisco), les Suisses seraient les plus gros mangeurs de chocolat, consommant en moyenne annuellement quelque 10,3 kg par personne. Suivent les Autrichiens (9,8 kg), les Irlandais (8,8 kg), les Britanniques (8,4 kg), les Norvégiens (8,3 kg), les

Borné dans sa nature,
infini dans ses vœux,
L'homme est un dieu tombé
qui se souvient des cieux.

Alphonse de Lamartine
Extrait de *Premières méditations poétiques*

Danois (8,2 kg), les Allemands (8,2 kg), les Suédois (7 kg), les Belges (6,8 kg), les Canadiens (6,7 kg), les Étasuniens (5,3 kg), les Finlandais (5 kg), les Français (4,8 kg), les Hollandais (4,5 kg), les Australiens (4,4 kg), les Italiens (3,1 kg), les Grecs (2,1 kg), les Japonais (1,8 kg), les Portugais (1,6 kg), les Espagnols (1,6 kg) et les Brésiliens (0,9 kg). D'autres sources nous indiquent que les Québécois consommeraient environ 6 kg de chocolat par année par habitant. Par ailleurs, 44 % des Français dégusteraient quotidiennement du chocolat. Cependant, le record des ventes au détail de chocolat revient aux États-Unis où elles se chiffrent à près de 12 milliards de dollars, tandis qu'en 2001 les ventes de chocolat sur le marché européen atteignaient environ 5 milliards d'Euro.

Principaux pays producteurs

Depuis le XVIe siècle, sous l'impulsion de l'Espagne puis de la France : Mexique, Vénézuela, Équateur et par la suite Brésil, Trinidad, Saint-Domingue, Martinique et Jamaïque.

Au début du XVIIe siècle, les Hollandais ont planté des cacaoyers à Java et à Sumatra, puis aux Philippines, au Sri Lanka, aux Nouvelles-Hébrides, en Nouvelle-Guinée, à Samoa et en Indonésie.

À partir du XIXe siècle, les Portugais implantent des cacaoyères du Brésil dans l'île de São Tomé ainsi que dans l'île de Bioko (Fernando Poo).

À la fin du XIXe siècle, des plantations sont créées en Côte-d'Ivoire, au Ghana, au Nigeria et au Cameroun.

Aujourd'hui, des plantations de cacaoyers sont aussi exploitées en Asie du Sud-Est, notamment en Malaisie.

La Côte-d'Ivoire constitue aujourd'hui le principal pays producteur et exportateur de fèves de cacao.

En 2003, les huit pays suivants produisaient 90 % des fèves de cacao consommées dans le monde.

Côte-d'Ivoire	37 %
Ghana	19 %
Indonésie	14 %
Nigéria	6 %
Brésil	6 %
Cameroun	5 %
Équateur	3 %
Malaisie	1 %

C'est dire que le chocolat est devenu aussi une affaire de gros sous, le cacao étant la troisième matière première la plus échangée dans le monde après le café et le sucre. La petite fève amère que les Aztèques vénéraient et échangeaient contre divers biens se transige maintenant dans les bourses du cacao de New York (le New York Cocoa Exchange fut fondé en 1925), de Londres, de Paris, d'Amsterdam, de Hambourg, où son cours dépend de la qualité du produit, de son état, de la qualité des récoltes, souvent influencées par les conditions climatiques, et de la conjoncture économique.

Le maître chocolatier,
le parcours de Ramon Annen

L e 4 octobre 1932, d'un père suisse et d'une mère italienne, naît Ramon Annen. Aîné de deux enfants, il voit le jour en Suisse, à Lausanne, dans le canton de Vaud. Dans ce pays réputé pour sa neutralité, l'enfance de Ramon et de son frère Gino est peu perturbée par le Deuxième Guerre mondiale, mais le décès du père, en 1944, laisse la jeune famille éplorée et sans grandes ressources. Dès lors, après l'école, le jeune Ramon entreprend de faire sa part pour subvenir aux besoins de la famille. Il gagne son pain en le portant, devenant livreur pour une petite boulangerie artisanale. La hotte bien garnie, il parcourt à bicyclette les rues de sa ville pour y distribuer l'odorante nourriture. Nul doute, ce premier emploi le met en appétit sur le plan professionnel, car trois ans plus tard, ses études secondaires terminées, il entre comme apprenti confiseur-pâtissier chez Fred Nyffenegger, à Lausanne.

En 1950, après une formation rigoureuse de trois ans (aujourd'hui encore cet apprentissage dure trois ans) au cours de laquelle les praliné, gianduja, fondant, pâte de fruits, bonbon liqueur (coulé dans l'amidon) et autres n'ont plus de secrets pour lui – ni l'art de les fabriquer d'ailleurs –, Ramon Annen est employé dans une pâtisserie artisanale sise au bord du lac de Constance, en Suisse allemande. Il y travaille pendant un an et demi.

À la fin de cette période, l'État l'appelle à l'école des recrues miliaires. C'est la façon de devenir un homme lui dit-on alors. Quatre mois durant, à Winterhur (canton de Zurich),

Lehrzeugnis
Certificat d'apprentissage

Ramon Annen a fait ses 3 ans
d'apprentissage chez moi du 5.10.1947
au 4.10.1950. Il s'est donné beaucoup de peine
et comme il a d'excellentes
aptitudes professionnelles je
garderai de lui le souvenir le meilleur.
C'est avec plaisir que je le
recommande chaudement comme
un ouvrier très capable et lui
souhaite dans notre métier
le succès qu'il mérite.

Lausanne le 30 Décembre 1950
Fred. Nyffenegger

F. NYFFENEGGER
Rue du Port 24
LAUSANNE

il s'entraîne avec les troupes cyclistes… De retour chez lui, à l'été 1952, Ramon, le confiseur-pâtissier remet la main à la pâte. Ses jambes, pourtant, gardent le souvenir de son séjour à l'école militaire, et l'envie de participer à des compétitions cyclistes le démange. Dès lors, il consacre ses heures de loisir à l'entraînement. Malgré des débuts sans éclats, il s'acharne et pédale tant et si bien qu'en 1955 la victoire surgit enfin aux détours de quelques courses amateurs. En 1956, avec l'équipe suisse et

aux côtés de cyclistes représentant plus de 24 pays, il participe à la mémorable Course de la Paix dans les ex-pays communistes. Varsovie, Berlin, Prague, 2200 kilomètres en 12 jours, 145 coureurs en piste, Ramon Annen termine 42e, mais le premier de son équipe. De retour en Suisse, les victoires se succèdent, dix de suite lui méritent l'honneur d'être choisi pour participer aux championnats du monde amateurs à Copenhague, au Danemark. À l'automne de cette même année, devenu professionnel, il prend part pendant deux ans aux plus grandes courses européennes, dont un championnat du monde à Waregem, en Belgique.

À la fin de 1958, Ramon Annen met fin à sa carrière de coureur cycliste pour se consacrer entièrement à sa grande passion, la confiserie-pâtisserie. Il s'y dévoue entièrement en tablant sur les valeurs qui l'on porté tout au long de sa carrière d'athlète : rigueur, discipline, travail. Ainsi sera menée sa vie.

À compter de 1963, commence une série de séjours ici et là dans le monde où son savoir-faire est reconnu et apprécié. C'est d'abord à Cannes, sur la Côte d'Azur (France), que Ramon, la belle Colette, qu'il a épousée en 1959, et leurs quatre enfants (Didier, Katia, Thierry et Bruno) s'installent. En 1966, inquiets des changements dans les conditions de travail et désireux de quitter l'Europe, ils optent pour un changement radical de décor : l'Australie ou le Canada? C'est le Canada que les Annen choisissent, plus particulièrement le Québec, car on y parle le français. L'acclimatation est cependant difficile en cette terre nord-américaine où le monde du travail est si différent de ce qu'ils ont connu sur le vieux continent. Malgré tout, en 1971, après avoir fait sa marque à Montréal auprès de petits commerces tenus par des Européens, Ramon Annen accepte le poste de chef pâtissier à Manic 3, dans le nord du Québec. La paye est intéressante, le double de ce qu'il gagnait à Montréal, mais la tâche est colossale (comme le chantier d'ailleurs) : fournir une cafétéria accueillant quelque

④

⑤

⑥

1 - Ramon Annen et son épouse.
2 - En compagnie d'Emmanuelle Béart, au Centre Sheraton, Montréal, 1987.
3 - À TVA, avec Pierre Bruneau, 1987.
4 - À CKAC, avec Guy Mongrain, 1987.
5 - Démonstrantion publique.
6 - En compagnie de Mark Fisher, au Salon du livre de Montréal, en novembre 2004.

1800 personnes. La famille Annen s'établit donc sur la Côte-Nord pendant trois ans… où, malheureusement, rien ne fait mentir la chanson. En 1974, de retour à Montréal, Ramon Annen et son épouse travaillent durant deux ans pour des buffets magiques en vue des Jeux Olympiques de 1976, puis le confiseur-pâtissier et sa tribu reprennent la route. La Romana, en République dominicaine, accueille d'abord la famille alors que Ramon occupe le poste de chef pâtissier dans un hôtel de luxe, le Casa di Campo. Buffets, banquets, soleil, célébrités, luxe et volupté sont au menu quotidien. Puis viennent les Bahamas, dans l'Atlantique nord, Dallas, au Texas (États-Unis), et avec ces contrats, l'apprentissage de la langue anglaise.

À la suite de ces séjours ensoleillés, l'année 1980 marque le retour en Suisse, car Didier et Thierry Annen souhaitent suivre les traces de leur père. Pendant trois ans, ils font leur apprentissage en confiserie-pâtisserie. Mais pour Ramon Annen, affecté par le décès de sa mère survenu six mois après être rentré au pays, ce retour aux sources n'a pas la saveur attendue. Il éprouve de la difficulté à s'adapter à la vie traditionnelle suisse… quatorze ans d'Amérique l'on changé. En 1983, alors qu'il accepte un contrat de chef pâtissier dans un hôtel de luxe de Limassol, dans l'île de Chypre, c'est un adieu à la Suisse qu'il fait, et une dernière escale avant la rentrée définitive au Canada, son pays

Hommage

Bien qu'immigré au Canada depuis 1966, Ramon Annen garde un attachement profond pour son pays natal, la Suisse, dont il tire le goût et l'amour de son métier ainsi que sa passion pour le chocolat.

Avec la même perfection qu'un horloger suisse, il crée ses recettes en alliant des saveurs originales à l'arôme traditionnel du chocolat dont il a l'art de faire ressentir la douceur ou la force, la volupté et l'onctuosité.

Quelle agréable sensation en effet que cette caresse en bouche, qui met tous les sens en éveil pour mieux apprécier cette fête du goût qui ravit toutes les faims !

C'est auprès de ce père spirituel que j'ai découvert la perfection de ce métier minutieux. À travers son amour du chocolat suisse, il m'a initié à la persévérance et à la patience nécessaires pour être aujourd'hui reconnu par la profession et nommé « Maître Chocolatier ».   Après plusieurs années à ses côtés, j'ai appris à mieux connaître cet artiste de la gourmandise et de la convivialité qui est guidé, comme moi, par les mille et un plaisirs du bon chocolat.

À l'image du chocolat, le récit de cet homme à part se déguste au fil des pages et procure une douce sensation de bonheur qui donne envie d'y goûter encore.

François Gimenez
Chocolatier-Pâtissier
Lyon 8e (France)

La truffette du marmiton

Ingrédients
200 g de chocolat mi-amer
180 g de crème à 35 %
15 g de beurre doux, ou beurre non salé

Préparation
Déposer le chocolat et le beurre dans un bol en acier inoxydable;
Faire bouillir la crème 35 % et la verser sur le chocolat.

Laisser fondre deux minutes, puis commencer à mélanger avec un petit fouet, du centre vers l'extérieur. Dès que la préparation est bien lisse et sans morceaux, laisser cristalliser une heure environ.

Dès que la consistance crémeuse apparaît, façonner de petites boules à l'aide d'une poche à pâtisserie, et les déposer sur un papier sulfurisé.

Mettre un peu au froid et rouler à la main. Tremper les boules ainsi formées dans le chocolat prêt et rouler dans la poudre de cacao.

Variante : rouler directement dans la poudre cacao sans tremper dans le chocolat.

En ce qui concerne le produit, il est actuellement possible de trouver des couvertures de chocolat en galets, en boîte de un kilo. Choisir selon le pourcentage de cacao désiré.

Photo en filigrane : Pâtisseries réalisées par Ramon Annen pour l'Hôtel Hyatt Regency (Peacocks Lounge).

d'adoption. Après un contrat à Vancouver, où la famille habite jusqu'en 1986, c'est Montréal qui ouvre à nouveau ses portes, d'abord dans les cuisines d'un grand hôtel, puis dans celles de petites chocolateries-pâtisseries de la ville et des alentours. En 1997, onze ans après être revenu à Montréal, et jusqu'à la fin de 2004, Ramon Annen entreprend de développer un produit qu'il destine aux pâtisseries du Québec : des figurines en pâte d'amande qui font sa renommée et qui deviennent sa marque de commerce.

Après une carrière bien remplie, Ramon ne jette pas la serviette. En 2005, il entreprend de se dédier à la relève en faisant bénéficier les jeunes chocolatiers de son expérience, de sa manière de travailler, de sa compréhension du produit, n'ayant de cesse de communiquer sa passion pour la confiserie et la pâtisserie. La constitution d'un répertoire des artisans chocolatiers du Québec constitue une première étape de sa nouvelle vocation, la deuxième est le Salon Passion Chocolat, les autres seront à découvrir, ses cartons sont remplis de projets aux accents chocolatées.

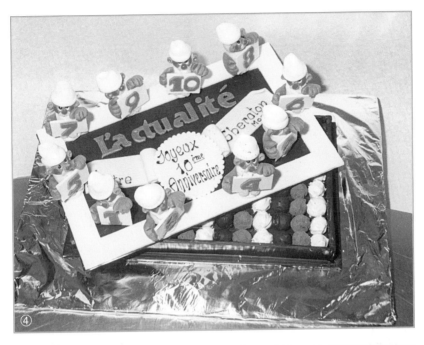

(4)

(5)

(6)

QUELQUES CRÉATIONS DE RAMON ANNEN

1 - Pièce montée créée pour le Salon culinaire de Trois-Rivières, 1990.

2 - Concours, Vancouver, 1984.

3 - Logo pour pâte d'amande, 13 juillet 2003.

4 - Bonbonnière soulignant les 10 ans de la revue *L'Actualité*, 1987.

5 - Pièce montée recréant un motif typique de la Suisse.

6 - Pièce montée.

SECONDE PARTIE

Et des chocolateries

Arnold Chocolats

8500, boulevard Henri-Bourassa
CHARLESBOURG, G1G 5X1
☎ 418.626.0304

Nathalie Roy et Yves Rainville, origi-naires de Beauport, ouvrent Arnold Chocolats en 1996.

Leur concept est assez original : tout ce qui concerne la fabrication est implanté dans un centre commercial. Ce qui, en bref, veut dire que la clientèle peut sui-vre visuellement la fabrication des produits. Compliqué de tricher !

À la suite du succès de ce premier projet installé au Carrefour Charlesbourg, une succursale express est ouverte en 1999, avenue Cartier, directement approvi-sionnée par la maison mère.

Depuis peu, une troisième boutique, établie aux Promenades Beauport, confectionne en direct, comme à Char-lesbourg, toutes les variétés de bon-bons et de chocolats.

« Nous sommes persuadés, disent les propriétaires, que seuls des ingrédients de très bonne qualité déterminent des produits finis supérieurs. »

Chez Arnold Chocolats, une quantité d'intérieurs divers, des boîtes person-nalisées, des paniers-cadeaux et des pièces thématiques permettent aux fins et gourmands palais de se délecter.

Gelato

La glace italienne, le gelato, aurait été inventée au XVIe siècle par des Siciliens qui créèrent un procédé de congélation utilisant la glace et le sel.
Les gelato traditionnels contiennent moins d'air que les glaces commerciales et sont faibles en gras.

L'été, le chocolatier offre aussi des glaces artisanales italiennes permettant un autre voyage inoubliable dans les détours de la chose sucrée.

Aux Avelines
Pâtissier gourmand

389, rue Principale
EASTMAN, JOE 1P0
☎ 450.297.2160

Lorsque, à l'âge de 13 ans, Gilles Cochennec commence à travailler dans une pâtisserie tout en continuant ses études, il ne peut prévoir qu'il va en faire une profession.

Ce Breton d'origine décide, dès le secondaire terminé, de suivre les cours en pâtisserie à l'ITHQ de Montréal, bien qu'il n'aime pas le fonctionnement des classes qu'il juge peu adapté à la réalité du travail dans les pâtisseries artisanales.

À l'âge de 17 ans, il quitte le Canada pour un mini-compagnonnage qu'il se crée ici et là en Europe : en Bretagne, à l'Alpe d'Huez, en Corse, en Auvergne et à Paris. Après trois années chez Paul Bugat, à la Bastille (Paris), il revient au Québec. À la suite de quelques séjours en pâtisserie à Montréal, il s'installe dans les Cantons-de-l'Est avec son épouse, Caroline Lefort.

Par un heureux hasard, en mai 1995, le couple découvre une merveilleuse maison de 125 ans, au cœur du village d'Eastman. Caroline et Gilles y établissent leur pâtisserie-chocolaterie. À

croire que les vieilles bâtisses inspirent nos artisans créateurs !

Gilles est non seulement un passionné, tant en pâtisserie qu'en chocolaterie, mais il a une dévotion pour la qualité. On oublie trop souvent que l'essence même d'un produit fini très apprécié dépend en majeure partie des matières premières utilisées.

À déguster : ses caramels à l'érable, ses feuillantines Gianduja, son beurre breton au sel de Guérande. En été, sa terrasse vous permet de savourer sur place ses pâtisseries et autres produits (viennoiseries).

Sel de Guérande

Recueillie manuellement, cette fleur de sel offre un fin parfum de violette. Vendu à l'état naturel, ce condiment est rare, n'étant cultivé que dans les marais de Guérande et dans les îles de Noirmoutier et de Ré, en France. Récoltée en été, la fleur de sel est rose, elle blanchit en séchant au soleil.

Bangerter
of Switzerland

380, chemin Bord du Lac
DORVAL, H9S 2A6
☎ 514.636.9499

Jurg Bangerter, d'origine suisse – nous nous en doutions–, est né dans le métier qu'il pratique depuis toujours. Ses parents possédaient une pâtisserie-restaurant. Dès son plus jeune âge, il confectionne chocolats et pâtisseries.

Diplômé de l'École des arts et métiers ainsi que de l'École hôtelière suisse, Jurg arrive au Québec pour travailler comme chef pâtissier de la chaîne Hilton International.

Son bagage imposant l'amène à enseigner dans les écoles les plus réputées d'Amérique du Nord, dont The Culinary Institute of America, à Hyde Park, New York. Il enseigne aussi durant deux ans à l'ITHQ de Montréal.

La famille Bangerter, en Suisse, ayant été cliente durant trois générations d'une très grande maison chocolatière suisse, il va de soi qu'elle opte pour continuer dans la tradition familiale. Actuellement, la maison est la seule au Québec à utiliser les chocolats de couverture «Grand Cru», que Jurg importe lui-même de l'Helvétie.

Jurg accorde une très grande importance à l'utilisation d'ingrédients frais et surtout exempts d'OGM. Il garantit d'ailleurs la fraîcheur de ses produits. Très proche des PME familiales, il emballe toute sa production dans des boîtes d'une qualité exceptionnelle fabriquées au Québec.

Ses produits mascottes sont les truffes au Whisky, au praliné, malakoff, ses ganaches Bailey's, au sabayon, palets d'or, sans omettre ses pâtes d'amande à la pistache, aux noix enrobées ainsi que son fameux nougat de Montélimar.

Praliné

De tradition suisse, le praliné constitue une pâte broyée au goût corsé faite à base de sucre caramélisé, d'amandes ou de noisettes bien grillées et de vanille.

310, rue Saint-Paul Ouest
MONTRÉAL, H2Y 2A3
☎ 514.845.3663

Arrivé de sa Normandie natale en 1975 avec, en poche, son certificat professionnel de pâtissier-chocolatier, René Bailly, comme tout nouvel arrivant, travaille dans différents endroits. À son actif, l'Hôtel Le Reine-Élisabeth, Mont-Tremblant, la Pâtisserie de Gascogne, et une infidélité dans l'Ouest canadien !

En 1978, il rencontre Nadine, une Italo-Canadienne, et ils décident tout de go de se marier. L'idylle est toujours en cours, elle dure depuis 27 ans !

En 1985, avec un collègue, Yves Barielle, il crée une chocolaterie semi-artisanale produisant uniquement pour des pâtisseries. La boutique ferme en 1990.

Sept ans plus tard, Nadine et René s'installent à Saint-Jean-sur-Richelieu et créent Les Bouchées gourmandes. C'est une petite boutique sans prétention et sans style particulier, mais qui offre des produits de très haute qualité. René produit également pour d'autres commerces.

On y trouve toute la panoplie du parfait chocolatier, soit les ganaches au miel, au Cointreau, au café, les palets d'or; les bonbons liqueurs véritables (avec la croûte de sucre), au cidre de glace, au Grand Marnier et au cognac; sans oublier les légendaires rochers, pralinés, giandujas et feuillantines.

Gianduja

Revêtant traditionnellement la forme d'une bûche triangulaire, le gianduja est le bonbon au chocolat typique de l'Italie. Inventé en 1861 par le chocolatier Caffarel, il est composé d'une pâte issue du mélange de noisettes légèrement grillées et broyées, de sucre non cuit et de chocolat fondu.

Durant la saison estivale, on propose en plus des confitures (sucrées au miel), des sauces au chocolat et bien d'autres sucreries.

Boulangerie la Petite grange

415, chemin Larocque
VALLEYFIELD, J6T 4C6
☎ 450.371.3510

Trente-cinq ans déjà! Quel beau chemin parcouru depuis la création du kiosque de fruits et légumes du début, après quoi Marcelle et Laurent Meury se sont lancés dans la fabrication de tartes aux fruits dans le sous-sol de la maison familiale.

Certes, la famille de travail grandit : plus de 20 personnes, dont les deux enfants, Ann et François, qui complètent l'équipe. Ainsi, depuis une quinzaine d'années, la chocolaterie a pris une place de choix entre les boulangeries, les pâtisseries, les paniers gourmets et les produits du terroir. C'est le bébé de Laurent.

Le grand plaisir de traiter avec lui, mis à part son sens de l'humour assez développé, merci, c'est qu'il ne se prend jamais au sérieux. Laurent est un autodidacte qui se renseigne continuellement et participe à des séminaires. Il est également très à cheval sur la qualité des produits qu'il utilise. Il a parfaitement compris que la qualité d'un produit fini dépend des ingrédients de base utilisés.

La Petite Grange a intégré à sa boutique un centre d'interprétation afin de faire découvrir les vraies origines du chocolat. Le jovial propriétaire est très fier de ses recettes originales : ganaches au café, au cognac, au caramel/érable, au piment d'Espelette, à la vanille, etc.

Piment d'Espelette

Au Pays Basque, un piment est roi : le piment d'Espelette, un produit d'appellation d'origine contrôlé nommé en l'honneur du village où on le cultive depuis des temps très anciens.
Séché au soleil en guirlandes rouge éclatant, ou mis au four pour y être déshydraté, le piment est ensuite réduit en poudre aromatique.
Le piment d'Espelette est considéré comme faisant partie des poivres.

En 1995, La Petite Grange recevait le Prix de promotion touristique, et, en 2004, le Prix de la petite entreprise touristique de l'année en Montérégie. Bravo!

La Cabosse d'or chocolatier

973, chemin Ozias Leduc
OTTERBURN PARK, J3G 4S6
☎ 450.464.6937

C'est après avoir passé quelques années en Beauce québécoise et être retournés dans leur pays natal, la Belgique, que Martine et Jean-Paul Crowin reviennent au Québec, en octobre 1986.

Après quelques recherches, ils trouvent cette petite maison, à l'ombre des arbres, qui deviendra l'emplacement initial et définitif de la Cabosse d'or. Ils y installent la petite famille, comprenant à l'époque deux filles, Caroline et Candy, et commencent la fabrication de leurs premiers chocolats.

En raison du coût de la publicité et comme pas une âme n'est au courant de l'existence d'une chocolaterie artisanale en pleine campagne, Jean-Paul, accompagné de ses deux filles, distribue un petit dépliant pour annoncer l'ouverture de sa boutique en faisant du porte en porte dans toutes les maisons de Mont-Saint-Hilaire et d'Otterburn Park.

Dès la période précédant Noël, les premiers clients se présentent, ce sera immédiatement le succès.

Déjà, au printemps 1987, on commence à transformer quelque peu la maison, de façon à rendre l'atelier de fabrication et le magasin plus agréables.

C'est donc par vagues successives d'agrandissements et de transformations que l'on donne peu à peu l'aspect final de l'établissement que l'on connaît aujourd'hui.

En 1989, une première employée est engagée; elle sera suivie très rapidement par plusieurs autres pour atteindre aujourd'hui, selon les saisons, un effectif de plus de quatre-vingts personnes. On est bien loin de l'ouverture discrète du début.

Il va de soi que plus le personnel augmente, plus les outils de production, les locaux et le reste doivent s'adapter au système commercial du moment.

Actuellement, après tous ces changements successifs, nous nous retrouvons
avec une chocolaterie, doublée d'un
sous-sol mécanisé comme ce n'est pas
possible.

La pâtisserie, bien distincte, partage le
toit avec une cuisine adaptée pour la
nouvelle vocation de restauration que
l'on a mise sur pied. Une grande terrasse pour l'été, adossée au mini-golf
thématique sur le sujet du cacao, accueille les visiteurs. L'été les gens ac-
courent également pour les crèmes glacées maison de première qualité. Il
resterait juste, peut-être, une sugges-
tion : adapter les chocolats maison au
goût de l'heure. Alors, ce serait la perfection !

Chocolat de couverture

*Le chocolat de couverture, c'est la
matière première de l'artisan chocolatier
qui l'utilise, entre autres, pour les
enrobages, les nappages, les moulages,
les glaçages.
Pour être dit « de couverture »,
le chocolat doit contenir entre 60 et
75 % de cacao et une proportion
importante de beurre de cacao, soit un
minimum de 31 %, le beurre de cacao
conférant fondant, brillance et
malléabilité au produit.
La Belgique est un important fabricant
de chocolat de couverture.*

Café-pâtisserie Renoir

3557, rue Principale

SAINT-JEAN-BAPTISTE, J0L 2B0

☎ 450.464.0636

Sa 5ᵉ année secondaire terminée, Annie Perron entame immédiatement un DEP en pâtisserie à l'ITHQ de Montréal.

Elle travaille ensuite durant quelques années en pâtisserie, sans toutefois beaucoup toucher à la matière chocolatée. Par la suite elle suit un cours de perfectionnement à l'Institut Barry Callebaut. Déjà, elle a la piqûre...

Le 10 mai 2001, âgée de 23 ans, elle décide d'ouvrir son café-pâtisserie-chocolaterie à Saint-Jean-Baptiste où elle confectionne tout sur place.

Dans son commerce, on trouve aussi bien ses déjeuners-santé que ses gâteaux d'anniversaire ou de mariage, ses mousses diverses et, bien entendu, sa chocolaterie artisanale.

Mis à part ses différents moulages à l'occasion de Pâques et de Noël, elle fabrique une douzaine de variétés de truffes et de pralines distinctes, au jasmin, aux baies de la montagne, au

---

Thé Earl Grey

Le thé Earl Grey est aromatisé à la bergamote, une petite orange qui serait issue d'un croisement entre la lime et l'orange amère. Ce thé doit son nom au comte Charles Grey, deuxième du nom (1764-1845) qui, ayant reçu en cadeau un thé de Chine, aurait demandé à Thomas Twining de lui composer un mélange. La recette, qui eut l'heur de plaire, fut commercialisée sous le nom du fortuné comte, et ce, pour le bonheur de tous les amateurs de thé qui l'apprécient encore aujourd'hui. Les ganaches au thé, qu'il soit vert, parfumé, fumé, brûlé, constituent le fin des fins de l'art du chocolatier, et la plupart des grandes maisons européennes en offrent.

---

thé Earl Grey, au caramel maison, etc. Différentes tablettes de chocolat noir, au lait et sans sucre complètent l'assortiment.

La Céleste Praline

1816, rue Dublin

INVERNESS, G0S 1K0

☎ 418.453.7373

Daniel Rommelaere et Michelle Rappe sont venus se balader dans la Belle Province, en voyage-évasion, en 1997. Avant tout, ils cherchaient un endroit idéal et tranquille pour élever leurs enfants, Olivier et Marie.

En 2000, après avoir visité diverses régions, ils quittent définitivement Liège, en Belgique, pour s'installer à Inverness, dans le Centre-du-Québec.

Avec chacun une formation de chocolatier en poche et leurs deux enfants, ils ouvrent leur petite boutique, rue Principale, juste à côté du Musée du bronze.

Le flot de touristes qui viennent visiter l'économusée n'ont d'autre choix que de faire un petit détour par la boutique de La Céleste Praline.

Michelle, qui a en plus une formation de glacière, produit, depuis les débuts et spécialement durant la période estivale, des crèmes glacées et des sorbets, ceci à titre d'accompagnements aux chocolats maison.

> ## Praline
> La praline belge fut créée grâce au Belge Jean Neuhaus qui, en 1912, inventa la coquille de chocolat. Les chocolatiers ne furent pas long à inventer des recettes de garnitures à couler dans le petit contenant que l'on scelle d'une couche de chocolat.

Vu l'origine de nos chocolatiers, vous trouvez chez eux des pralines dont les recettes de base sont typiquement belges. Mais s'ajoutent à leur assortiment des chocolats nouvelle tendance selon les goûts de la clientèle. Ces nouveautés ou, devrions-nous dire, ces innovations produites en petites quantités artisanales assurent et maintiennent le petit côté fraîcheur dont l'amateur raffole.

Champagne
le Maître Confiseur

783, rue Saint-Joseph Est

QUÉBEC, G1K 3C8

☎ 418.652.0708

Voilà plus de dix ans que Stéphane Champagne travaille sans relâche à développer des produits de qualité. Il faut mentionner que son père était un chef pâtissier reconnu, ce qui, avouons-le, apporte une aide précieuse pour démarrer dans cette profession toute de créativité.

Porto et chocolat

Vin blanc pour le chocolat au lait?, vin rouge pour le chocolat noir?, ou porto d'au moins dix ans d'âge dont les arômes de noix et d'amande se marient agréablement au chocolat noir?... Voilà un bref aperçu des multiples accords alcool et chocolat – dont seul, paraît-il, le champagne est exclus – qui s'offrent à la découverte.

Son atelier ouvert et donnant directement sur son magasin de vente permet au public de regarder les artisans fabriquer les différents produits qui se trouvent dans les présentoirs, le tout exécuté dans un intérieur d'une propreté exemplaire.

Stéphane s'est fait connaître durant de nombreuses années par sa fabrication de sujets en pâte d'amande que l'on retrouve dans plusieurs pâtisseries du Québec.

Il présente une gamme de produits diversifiés, aux arômes d'épices exotiques, d'huiles essentielles et au parfum de boissons diverses.

Il propose également un cours de chocolaterie pour des groupes d'enfants, ainsi que diverses dégustations pour groupes d'adultes, dont une de chocolat et porto, avec l'aide du sommelier Claude Baril. Un amalgame de poésie gustative dont chacun peut retirer le meilleur.

Choco-Bec

417, rue Cockburn
DRUMMONDVILLE, J2C 4L9
☎ 819.472.1100

Il est parfois surprenant le parcours emprunté par certaines personnes pour aboutir à la chocolaterie. Mario Phaneuf et Nancy Nadeau sont là pour le démontrer.

Nancy a acquis une formation en cuisine. En 1987, Mario et elle font l'acquisition d'une entreprise de traiteur, avec salle de réception. En 1996, pour offrir une petite touche supplémentaire et une certaine note de séduction, ils décident d'offrir, en fin de repas, de petits chocolats. Ils ne peuvent alors prévoir que ceux-ci prendront le dessus sur le repas au complet.

En raison de la demande grandissante ils décident, en 1998, d'abandonner le service de traiteur au profit de la chocolaterie.

La boutique, de taille modeste, produit en petites quantités afin d'assurer la fraîcheur constante des bonbons.

Beaucoup de petites pièces montées, et de l'originalité à revendre, tout cela permet une certaine fantaisie personnalisée, tout à l'image de l'établissement chocolatier.

Napolitain

De tradition italienne, il va sans dire, le napolitain est un petit rectangle de chocolat noir que l'on sert en accompagnement du café.

634, rue Saint-Jean

QUÉBEC, G1R 1P8

☎ 418.524.2122

Choco-Musée Érico

Éric Normand, un passionné de la vie en général, se devait de devenir un assoiffé da la matière chocolatée, dès qu'il en fit connaissance.

Marié et père de deux enfants, Samuel (13 ans) et Rose (8 ans), il possède la capacité de s'évader complètement des contraintes commerciales, d'abord en vivant à la campagne. Sportif de nature, il pratique le karaté (ceinture noire 2e dan), le vélo de montagne et le ski télémark. Très polyvalent, il est capable de s'adapter à toutes les situations.

Certaines personnes possèdent le talent nécessaire pour aller jusqu'au bout de leurs rêves et de leurs mirages. C'est le cas d'Éric Normand qui trouve dans le chocolat une matière qui exige, malgré tout, beaucoup de recherche, de la passion, et qui génère du plaisir. Le coup de foudre se produit en 1987; c'est la naissance de l'entreprise.

Après avoir goûté des chocolats artisanaux confectionnés par des Belges, à Calgary, il comprend que le métier de chocolatier est une profession à part entière. Il suit donc une formation de base avec un pâtissier-chocolatier français. Il développera, par la suite et peu à peu, ses propres recettes.

Dès 1993, il s'installe dans l'immeuble où il se trouve présentement, rue Saint-Jean. En 1999, après avoir visité un petit musée du chocolat, il décide d'en intégrer un dans sa chocolaterie avec l'assistance d'un muséologue, d'un designer et de plusieurs collaborateurs. Son musée verra le jour en mai 2000, en agrandissant la chocolaterie.

Du côté fabrication, il met au point des pralines qu'il produit en petite qualité, dans le souci constant de préserver la fraîcheur du produit et le goût authentique. Pour ce faire, il utilise des matières fraîches exemptes d'arômes artificiels.

Parmi les produits offerts dans la boutique, certains se classent dans la gamme des audacieux avec leurs intérieurs aux épices, leurs arômes de fleur, de piment, de fines herbes, et nous en passons.

En outre, l'été, des crèmes glacées maison, des sorbets, des yogourts glacés, sont au menu.

Le Choco-Musée Érico est un rendez-vous à ne pas manquer lors d'une visite dans la capitale.

Fève de cacao

La fève de cacao conjugue de nombreuses substances qui se déclinent ainsi : protéines, matières grasses (beurre de cacao), glucides, xanthines (caféine, théobromine), tannins, cellulose, acide oxalique, minéraux (phosphore, potassium, fer), et une faible quantité de vitamines A et B.

Dans cette liste, on remarque la théobromine, l'alcaloïde principal du cacao, que l'on trouve également dans le thé, le café et la noix de cola. Cet alcaloïde est réputé être diurétique, cardiotonique et vasodilatateur des artères coronaires.

Chocobel

374, rue de Castelneau Est
MONTRÉAL, H2R 1P9
☎ 514.276.9875

La maison Chocobel a été créée en 1998. Actuellement, c'est Yanick Belzile qui préside aux destinées de cette chocolaterie artisanale.

Voilà plus de dix ans que Yanick pratique son métier de chocolatier. C'est un être aussi passionné que passionnant.

Il s'est lancé dans la production de chocolats au fromage de chèvre, tels le chèvre et miel, ou le chèvre et framboise, des produits qui se servent comme apéritifs, et non comme desserts. En plus, ils offrent des saveurs du terroir québécois!

Une quantité d'autres variétés, beaucoup plus traditionnelles, garnissent les comptoirs de la boutique, sans oublier le chocolat sans sucre!

Chocolat sans sucre

Dans le chocolat sans sucre, le rôle du sucre (saccharose) est tenu par le maltitol, un succédané très utilisé en confiserie. Cet ersatz permet de confectionner des bonbons adaptés à la diète des diabétiques. En chocolaterie, le chocolat au maltitol est utilisé de la même façon que le chocolat classique.

Pour les esprits scientifiques, précisons que le maltitol est issu du maltose et qu'il fait partie de la famille de polyols. Il éléverait peu la glycémie et l'insuline et ne favoriserait pas la formation de caries dentaires.

Chococâlin

18, boulevard Valcartier
LORETTEVILLE, G2A 2M3
☎ 418.840.0808

Pascal L'Heureux fait son apprentissage à Paris, de 1979 à 1981, chez un maître pâtissier-chocolatier. Il obtient son certificat d'aptitude professionnelle de confiseur-pâtissier-chocolatier- glacier.

Durant plus de dix ans, jusqu'en 1991, il fait son tour de France de compagnon. Diverses entreprises lui permettent de se perfectionner, et il se décrouve déjà des affinités très fortes avec le chocolat. Il en devient un passionné.

En 1991, il quitte sa France natale pour le Québec. Deux ans plus tard, après différents séjours en pâtisserie, il entre à l'Hôtel Ritz Carlton de Montréal comme sous-chef pâtissier. En 1994, il en devient le chef, et il restera en poste jusqu'en l'an 2000.

En 2001, soit dix ans après son arrivée, Pascal L'Heureux et son épouse s'établissent à demeure au Québec, et ouvrent Chococâlin, à Loretteville. Nous ne savons pas si le dépaysement dû au déménagement est intervenu, mais, en 2002, leur fils Loïc voit le jour! L'enfant serait, paraît-il, déjà fort passionné de la belle matière. L'avenir nous dira si le Messie que nous attendons, dans l'univers du chocolat, est vraiment arrivé!

En attendant, Chococâlin propose à ses clients plus de trente spécialités : truffes aux épices, au fromage bleu, au porto, au caramel balsamique, truffes Avataq, ainsi que des giandujas maison. Pendant la période des Fêtes, la maison offre des montages personnalisés et des coffrets variés en chocolats.

En été, la fabrication de crèmes glacées et de sorbets maison incite à rester fidèle à l'établissement.

Chocolantara

263, avenue du Mont-Royal Est
MONTRÉAL, H2T 1P6
☎ 514.289.1790

Il est plus qu'évident que le parcours professionnel de Julie Cantara n'est pas celui du commun des mortels.

Les rêves obligent parfois les gens à emprunter des voies qui vous font passer de la stabilité établie à l'insécurité la plus absolue. Être ingénieure et devenir chocolatière est un défi qui ne surprend pas ceux qui partagent la passion dévorante pour la matière chocolatée.

Par contre, Julie a pris des moyens que très peu ou pas de chocolatiers adoptent au Québec. Elle est partie en France suivre un stage dans une école de chocolaterie et a fait un long séjour chez un maître chocolatier français. Au retour, elle a décidé de se lancer dans l'aventure, même si elle était consciente qu'elle devrait constamment se remettre à jour.

Dans sa boutique de l'avenue du Mont-Royal, aménagée avec beaucoup de chaleur, on ressent tout de suite cette invitation conviviale et passionnante.

Toutes ses créations sont fabriquées avec le souci du détail, de la qualité (importante) et de l'aspect visuel. L'originalité et la diversité vont éveiller votre curiosité. Parmi ses créations, mentionnons son bleu magique, un délicieux chocolat au fromage bleu qui excitera vos papilles gustatives, particulièrement lors d'une rencontre avec le porto. La chocolatière offre aussi beaucoup d'autres péchés mignons, dont le fondant « romantique » à la lavande et à la rose.

En tout, on trouve plus d'une trentaine de bonbons chocolat noirs, au lait ou même blancs, du chocolat à tartiner à l'érable, des confitures maison faites de fruits mélangés, dont plusieurs variétés sans sucre. Il est également possible de déguster des chocolats épicés, chauds ou froids. Une visite est nécessaire et vous convaincra.

Chocolat & Bonbons Jasmine

540, chemin Adolphe-Chapleau
BOIS-DES-FILION, J6Z 1K5
☎ 450.965.9582

Pour connaître l'histoire de cette maison, il faut remonter aux années 1930, alors qu'Albert Shaar, père de Benoît, était propriétaire d'une confiserie. Très tôt, le jeune Benoît s'initie au goût des bonbons de toutes sortes.

En 1981, Benoît décide de voler de ses propres ailes et s'envole vers l'Ouest canadien où il trouve un emploi dans une confiserie. Ce fut l'occasion de peaufiner sa formation dans la fabrication des bonbons et de commencer sa carrière de chocolatier.

À son retour au Québec, il ouvre sa propre chocolaterie et c'est ainsi que commence son aventure.

Comme tous les chocolatiers sérieux, il comprend que la constante remise en question permet à chacun de se maintenir dans un marché en continuelle évolution.

Son expérience de plus de dix ans d'exploitation lui permet d'apprendre qu'il n'y a pas de succès sans travail et ni recherche.

Chocolat belge Heyez Père & Fils

16, chemin de la Rabastalière Est

SAINT-BRUNO-DE-MONTARVILLE, J3V 2A5

☎ 450.653.5616

Après 40 ans d'existence en Belgique, le chocolatier Heyez s'installe à Saint-Bruno, en 1986. Charles, le père, un chocolatier passionné et fort expérimenté, y ouvre sa première boutique.

Son fils Hubert, désirant suivre les traces du père, part en Belgique, à l'École de chocolaterie, pour y apprendre le métier. Cette formation sera suivie d'un stage en Suisse.

De retour au Québec, Hubert reprend le flambeau de l'entreprise familiale lorsque son père décède, voilà quelques années. La maman, Jeanine, et l'épouse, Annie, assument tout le côté commercial et administratif de la compagnie. Hubert, lui, est responsable côté fabrication des produits.

Cette chocolaterie semi-artisanale produit en sous-traitance pour d'autres boutiques. Elle confectionne aussi différents logos et formes (moules) personnalisés. Ses produits sont d'inspiration typiquement belge, avec des intérieurs

Truffe

Cette friandise est composée d'une ganache à la crème ou au beurre que l'on façonne en petites boules et que l'on recouvre de chocolat. Les boules, le plus souvent de forme irrégulière, sont ensuite roulées dans du cacao, histoire de rappeler la terre dont est enrobé le champignon appelé truffe dont la forme a inspiré le créateur de ce bonbon.

crèmes, des manons et des pralinés. On y trouve également des giandujas, des ganaches, telles que des palets d'or ou au Cointreau, des truffes au miel, des truffes glaciales. Le choix est très diversifié et fort attrayant.

Chocolaterie artisanale Nancy Samson

2255, rue de Gannes
TROIS-RIVIÈRES, G8Z 3W9
☎ 819-379-2644

Le parcours de Nancy Samson dans la chocolaterie et la pâtisserie a certainement été tracé avant sa venue sur terre.

Née à Charette, en Mauricie, elle a toujours aimé cuisiner, même quand elle était toute petite. À la suite de la présentation d'un cours de cuisine à la polyvalente Val-Mauricie de Shawinigan-Sud, elle s'inscrit au DLS; aussitôt après, on la retrouve dans le cours de pâtisserie et chocolaterie de l'ITHQ, à Montréal.

À sa sortie, après trois années d'études, elle se laisse tenter, le temps d'un été, par l'Ouest canadien et travaille comme pâtissière au Jasper Park Lodge. Dès son retour, elle apprend qu'un poste de professeur en pâtisserie s'est libéré à la polyvalente où elle a amorcé son périple. Elle pose sa candidature et décroche l'emploi. Elle s'y trouve depuis plus de onze ans.

Les sens toujours en éveil, elle suit différents cours en chocolaterie à l'Institut Barry Callebaut de Montréal et s'y perfectionne. Très rapidement, elle est choisie pour dispenser le cours d'initiation au chocolat. Durant la même période, elle installe un petit labo de chocolaterie dans le sous-sol de sa demeure. N'ayant pas de boutique, elle produit pour des hôtels, des restaurants, des pâtisseries et d'autres magasins de produits fins.

Peu à peu, elle agrandit son local et améliore son environnement. Soucieuse de la qualité de ses chocolats, elle en garantit la fraîcheur à 100 %, ce qui veut dire une durée de vie limitée à trois semaines au maximum, et ce, toujours dans des conditions idéales : endroit sec et sans humidité.

Parmi ses produits fétiches, on trouve le parfum d'épices à la purée de framboises, aux fruits de la passion, les truffes au cognac, au cacao et au parfum d'anis ainsi que différents pralinés.

Chocolaterie belge Muriel

8, rue Principale Sud
SUTTON, JOE 2K0
☎ 450.538.0139

Pour tous ceux qui se poseraient certaines questions concernant cette maison, il s'agit tout simplement de la chocolaterie de René Henquin et de son petit Musée du chocolat (le premier au Québec).

C'est en 1988 que Mme Hollande et M. Romedenne, confiseurs-pâtissiers, ouvrent la chocolaterie qu'ils vont gérer durant seize ans, avant de la vendre en 2004.

C'est Norka Muriel, devenue propriétaire de ce petit joyau de Sutton, qui installe la nouvelle enseigne du commerce, mais elle va continuer dans la même veine, M. Romedenne étant son professeur et mentor.

Il y aura toujours des visites de groupes du petit musée attenant à la chocolaterie, ainsi que des activités d'information sur la fabrication de la matière de base et des chocolats.

En ce qui concerne les produits proposés par la chocolatière, notons les traditionnelles bouchées « belges » telles que les manon, dame-blanche, niaiserie, caprice de Sutton, rocher de l'Estrie, etc.

Mentionnons aussi quelques autres produits : cerises-cognac, Amaretto, crème de menthe, Mandarine-Napoléon, crème de cacao, tous faits avec des produits originaux et naturels.

Impossible d'aller dans cette région sans visiter cette chocolaterie !

Chocolaterie Colombe

116, rang Casimir
L'ANGE-GARDIEN, J0E 1E0
☎ 450.293.0129

Colombe Ménard commence à manipuler du chocolat au cours des années 1990. Au début, elle avait installé son petit atelier dans une pièce de sa maison où elle ne produisait qu'à l'occasion des fêtes.

Entre-temps, elle se marie avec Carl Pelletier, un gars du Bas-du-Fleuve, cuisinier de métier. De leur union sont nés Paule, qui a maintenant dix ans, et Jasmin, huit ans.

En 1997, elle installe son local de production ainsi que sa petite boutique dans la maison de ses arrière-grands-parents.

Ouvrir un tel commerce dans un rang de campagne peu fréquenté relève du défi. Carl et Colombe connaissent tout de même le succès. Les gens qui côtoient Colombe vous diront qu'elle est une authentique passionnée de la matière chocolatée. Elle en mange, dans tous les sens du terme! C'est ce qui fait parfois la différence entre une experte tranquille et une simple dilettante...

Colombe utilise des produits surfins dans la composition de ses diverses recettes. Il faut goûter ses ganaches palets d'or à 72 %, ses truffes aux framboises, ses pralinés divers ainsi que ses pâtes de fruits et ses caramels variés. Elle fabrique aussi des gâteaux sur commande et, depuis peu, elle produit ses propres desserts glacés. Quant à Carl, il concocte d'excellents petits plats pour sa «table gourmande».

Palet d'or

Le palet d'or est une ganache corsée en cacao recouverte d'une fine pellicule de chocolat noir parsemée de paillettes d'or.
Cette confiserie haut de gamme fut créée en 1898 par Bernard Sérardy, un confiseur de Moulins, en France.

Chocolaterie de l'île d'Orléans

150, chemin du Bout-de-l'île

SAINTE—PÉTRONILLE, G0A 4C0

☎ 418.828.2252

Je ne connaissais pas l'île d'Orléans, il faut que je l'avoue avec regret, et ce, après plus de trente-huit ans au Québec. Il a fallu ma visite à Sainte-Pétronille pour vraiment apprécier le charme des lieux.

La chocolaterie se trouve dans une bâtisse datant de 1779. À peu près à l'époque où la matière chocolatée devenait de plus en plus connue au pays.

L'ouverture de la Chocolaterie de l'île d'Orléans date de 1988. Cette année-là, Marcel Laflamme et Guylaine Sheehy, qui n'avaient aucune formation en chocolaterie, se sont débrouillés et ont appris, uniquement à force de travail, à créer leurs produits.

Ils produisent maintenant plus de quarante variétés de bonbons, dont divers pralinés et ganaches.

En 1990, ils ont commencé la fabrication de crèmes glacées et de sorbets. Au printemps 2004, ils ont agrandi pour fabriquer leurs propres pâtisseries. Il est possible de déguster sur place, dans leur grand salon de thé ou sur la terrasse.

Sorbet

Le sorbet traditionnel est une glace légère composée de jus de fruits, ou de purée de fruits, d'eau, et parfois de blancs d'œuf. Contrairement à la crème glacée, le sorbet est exempt de matières grasses. Le granité, une variante du sorbet, est le résultat de la congélation partielle d'un sirop léger généralement parfumé de boisson alcoolisée, de café ou de jus de fruits. Comme son nom l'indique, le granité présente une texture granuleuse.

Faites-vous plaisir,
jouez avec vos émotions!

CACAO BARRY

CALLEBAUT

Carma

Les méthodes de fabrication traditionnelle, la provenance des fèves de cacao et les ingrédients d'origines utilisés développent une saveur différente et propre à chacun. Les chocolats Français (Cacao Barry), Belge (Callebaut) ou Suisse (Carma) procurent un goût unique et une expérience inoubliable.

Découvrez les plaisirs de déguster le goût du "pur" chocolat Européen.

www.barry-callebaut.com

SOURCES DU GRAND CHOCOLAT®

LES ORIGINES D'UN GRAND CHOCOLAT

Valrhona conçoit des chocolats d'exception
par la sélection et l'assemblage rigoureux
des meilleures fèves de cacao récoltées
dans le monde.

LE GOÛT DE LA PERFECTION

Pour réaliser des chocolats longs
en bouche, intenses, francs
et aromatiques, Valrhona innove
et perfectionne inlassablement
ses méthodes dans le respect de la tradition.

AU SERVICE DES MÉTIERS DE BOUCHE

Valrhona a développé une large gamme
de produits spécifiques et raffinés
spécialement conçus pour les maîtres artisans
chocolatiers les plus exigeants.

GROUPE LES INDÉPENDANTS/Tems - Photo : GINKO

Pour des desserts d'exception...

Valrhona - 26600 Tain-l'Hermitage - France

Standard : 04 75 07 90 90 - Fax : 04 75 08 05 17

www.valrhona.com

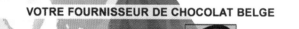

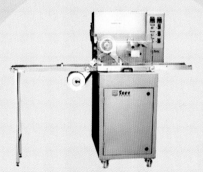
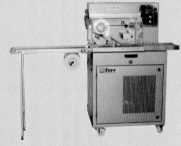

Choco Passion

Choco Passion est une compagnie incorporée qui se consacre à la promotion d'évènements reliés uniquement au renom du chocolat et des artisans qui l'utilisent. Également à la rédaction d'un journal dédié aux artisans chocolatiers et dans diverses revues spécialisées.

Salon Passion Chocolat

le rendez-vous à ne pas manquer pour les passionnés du chocolat...

Pour plus d'informations
Case Postale 158
Chambly, Qc, J3L 4B3
Tél.: 450-447-8482
Tél.: 514-346-8447
Fax: 450-447-5617
www.chocopassion.ca

So refined: afternoon tea by pastry chef Ramon Annen of the Hyatt Regency Hotel's Peacocks Lounge offers herbal, spice or regular teas with assorted pastries, almond tarts and batons noisettes.

Chocolaterie Hartley

661, avenue Victoria
SAINT-LAMBERT, J4P 2J7
☎ 450.671.9671

Yannick Branger, originaire de Nantes (Bretagne), arrive au Québec en 1973. Il est confiseur-pâtissier de métier.

Après avoir travaillé dans diverses bonnes pâtisseries de Montréal, dont la Pâtisserie Dubois, il exploite durant quatre ans la Pâtisserie Opéra, rue Fleury, à Montréal.

Ensuite, il connaît durant plus de quinze ans une interruption dans sa vie professionnelle. Il travaille alors pour divers distributeurs de Montréal à titre de représentant spécialisé en produits de pâtisserie et de chocolaterie, comme le sont aujourd'hui Farinex ou Bakemark.

En décembre 2000, avec l'aide de sa conjointe, Céline Hallée, il reprend la Chocolaterie Hartley de Saint-Lambert. À l'origine, leur prédécesseur produisait surtout des moulages à l'occasion des fêtes de Pâques et de Noël. Toute la chocolaterie fine ainsi que tous les bonbons chocolat étaient achetés chez des producteurs. Actuellement, la totalité des produits est de fabrication maison, ce qui constitue un très gros avantage.

Yannick est un passionné du chocolat. Il a participé à de multiples démonstrations. Il a fait plusieurs voyages en Europe pour visiter des usines de fabrication dans le cadre de sa profession de représentant. Il est en mesure d'apporter cette petite touche personnelle qui manque parfois à certains.

Ce commerce connaît deux vies annuelles. Chocolaterie depuis octobre jusqu'à la fête des Mères et ensuite glacerie, dont la production est également fabriquée sur place. On offre plus de 69 variétés, dont des sorbets, des entremets glacés et autres délices glacés.

Dans le bonbon, les préférés de Yannick sont les ganaches au poivre rose, au fenouil, à la fraise et au cassis, à la poire caramel, au doux litchi, à la pistache et à l'abricot-safran.

Chocolaterie La Maison Gourmande

1646, avenue de Bourgogne
CHAMBLY, J3L 1Y7
☎ 450.447.4707

Guy Castonguay et Josée Doucet tentent le grand saut, en 1995, en ouvrant La Maison Gourmande.

Guy a été durant de nombreuses années chef pâtissier. Son dernier emploi fut à l'Hôtel Ritz Carlton, rue Sherbrooke, à Montréal. Précisons tout de suite qu'il a été contraint de se recycler en chocolaterie en raison d'une allergie à la farine.

Comme un fort pourcentage de nos chocolatiers québécois, par manque de cours en confiserie-chocolaterie dans nos écoles professionnelles, il suit des sessions de formation avec des Européens tels que Frédéric Bau, de la Maison Valrhona, ou Daniel Giraud, de l'École gastronomique Bellouet conseil de Paris.

Passionné et autodidacte, il réussit à se faire une place dans le difficile marché du chocolat.

En plus de sa boutique de Chambly, il fournit plusieurs commerces de la grande région montréalaise.

Ses spécialités sont variées, mais il favorise particulièrement les ganaches, au thé et au citron vert, les palets d'or, les caramels à la framboise, les pralinés aux amandes caramélisées. Il produit également ses propres pâtes de fruits.

Ganache

Crème obtenue en mélangeant de la crème fraîche bouillie et du chocolat en morceaux. La ganache peut être utilisée nature ou parfumée, que ce soit à la cardamome, à la cannelle, à la menthe poivrée, à la vanille, au jasmin, à la framboise, au thé… les possibilités sont quasi infinies, et c'est ici qu'entre en jeu tout l'art du chocolatier.

Chocolaterie
Le Cacaoyer

271, boulevard L'Ange-Gardien
L'ASSOMPTION, J5W 1R8
☎ 450.589.4595

Sylviane Rolland et Michaël Cotard sont tous les deux dans la lignée des pâtissiers devenus chocolatiers. La passion pour un beau produit et la précision exigée par celui-ci ont certainement joué en faveur de ce changement professionnel.

À la fin de leurs études, on leur offre de prendre la direction d'une petite pâtisserie artisanale à l'étranger. Revenus au bercail, ils décident de prendre plus d'expérience dans diverses entreprises renommées de la région de Montréal avant de se lancer en affaires.

C'est à l'automne 2002 qu'ils font le pas décisif en ouvrant la chocolaterie Le Cacaoyer, à L'Assomption, dans la belle région de Lanaudière. La boutique, à deux pas du théâtre Hector-Charland et face au collège, se trouve vraiment dans une situation privilégiée.

Mentionnons que nos artisans s'étaient fait la main pendant les deux années précédentes alors qu'ils fabriquaient des produits et des pâtisseries pour divers petits commerces.

Leur petite boutique offre un cachet très personnalisé où la créativité est palpable. La ferveur du fabricant est omniprésente dans le choix des recettes ainsi que dans le style.

Sylviane et Michaël se sont entourés d'une petite équipe dévouée et fidèle. C'est ce qui, parfois, fait la différence dans la qualité des produits.

À savourer : 25 saveurs différentes de bonbons chocolat, des tablettes de chocolat à la lavande, à l'anis étoilé, au thé Earl Grey..., également du chocolat sans sucre (maltitol).

Chocolaterie
Les Petites Passions

Richard Cornelier et Linda Cutter créent la Chocolaterie Les Petites Passions en 1989. Ils s'installent dans le charmant village de Saint-Marc-sur-Richelieu. Leurs enfants, Nicolas (18 ans) et Laurence (16 ans), baignent tout jeunes dans une atmosphère chocolatée.

Il faut préciser que Richard descend de la lignée des Cornelier qui avaient pignon sur rue, rue Laurier Est, un endroit qui, par la suite, est devenu la Pâtisserie de l'Amandier.

Richard s'impose immédiatement dans la chocolaterie grâce à ses moulages «brillants» et nets. Voilà d'emblée la marque des grands chocolatiers : le visuel en premier lieu.

En 2001, juste avant la fête des Mères, la destruction de leur bâtisse par le feu les jette virtuellement à la rue. Depuis 2002, on les retrouve dans leur local actuel, un lieu facile d'accès offrant de surcroît un espace de travail approprié.

La Chocolaterie Les Petites Passions a toujours été bien connue, car elle fabrique des produits pour de nombreux artisans pâtissiers ainsi que pour certaines chaînes comme Le Pain Doré.

Moulages, pralines variées, une soixantaine de produits sont offerts, dont le praliné-caramel, le Rivoli au citron, le poivre rose et les chocolats aux piments, pour ne citer que les principaux.

Poivre rose

Le poivre rose porte à tort ce nom. Dite aussi «faux poivre», la baie rose a une saveur sucrée et aromatique légèrement poivrée. Originaire d'Amérique du Sud, elle y était appréciée par les Amérindiens pour ses vertus médicinales.

L'été, alors que tous les chocolatiers sont en vacances, on confectionne plus de onze variétés de confitures maison, ainsi que des confits divers.

Chocolaterie
M. Dekoninck

78, rue Saint-Vincent
SAINTE-AGATHE-DES-MONTS, J8C 2A7
☎ 819.326.8889

Myriam Dekoninck arrive au Québec en 1997. Deux ans plus tard, en janvier 1999, elle ouvre sa chocolaterie à Sainte-Agathe-des-Monts.

Myriam a une formation de chocolatière qu'elle a suivie à l'Athénée royal polytechnique à Aalst, en Belgique. Cette qualification lui permet d'affirmer haut

Il est indéniable que la chocolaterie belge conserve un caractère très traditionnel et ne verse pas nécessairement du côté des nouvelles tendances apparues depuis quelques années.

La chocolatière propose donc des classiques, comme les pralines et les truffes, mais aussi des pièces montées, des figurines et d'autres sujets réalisés à l'occasion des fêtes.

Athénée

En Belgique, l'athénée est un établissement de niveau secondaire d'enseignement public comparable à un lycée ou à un collège.
L'athénée royal polytechnique (Koninklijk Technisch Atheneum Handelsschool) d'Aalst, en Flandre-Orientale, fait partie du réseau des écoles hôtelières de Belgique.

---

et fort qu'elle possède une «vraie chocolaterie belge», à l'inverse de certains qui ont appris sur le tas!

La Chocolaterie Marie-Claude

Il y aura bientôt vingt ans que Marie-Claude et son bel Italien, Antoine, ont ouvert leur chocolaterie à Sainte-Adèle. En soi, c'est déjà une histoire!

Comme le rappelle Marie-Claude, alors qu'elle était toute petite, ses parents lui mettaient une pomme dans une main et du chocolat dans l'autre. L'école devenait ainsi sympa et plus attirante.

La passion pour le chocolat peut provenir de deux sources : soit l'apprentissage d'une profession obligeant celui ou celle qui s'y engage à s'y plonger corps et âme et à faire preuve de créativité, soit l'odeur, l'arôme de cette ma-tière qui, petit à petit, nous envahit et transforme la corvée du début en une dévotion de plus en plus forte.

Comme le mentionne Marie-Claude, le chocolat et l'amour ne font qu'un. Celui-ci fait des petits, une petite devrions-nous dire, car la dernière-née, Clara, arrivée au printemps 2004, va nécessairement assurer la pérennité de la famille du chocolat à Sainte-Adèle.

Quant à la chocolaterie, la voilà maintenant augmentée d'un salon de thé, d'un café-bistro, d'un jardin-terrasse et d'un «bed and breakfast». En prime, on y offre des conférences-dégustations sur le chocolat. Désormais, comme le dit Marie-Claude, la fidèle clientèle se transforme tranquillement en un cercle d'amis hors du commun.

À la Chocolaterie Marie-Claude, il est possible de déguster une trentaine de bouchées assorties, des fruits frais de saison au chocolat, du nougat, du fudge, des florentins et du sucre à la crème.

Florentin

Fait de miel d'amandes, d'oranges et de chocolat, le premier biscuit dit «florentin» fut, selon la légende, créé dans les cuisines du Roi soleil en l'honneur des Médicis de Florence alors en visite à Versailles.

Chocolaterie Ody Au Domaine des Petits Fruits

101, 4ᵉ Rang Sud
SAINT-JEAN-SUR-RICHELIEU, J2X 4J2
☎ 450.358.1853

Il y a 14 ans, Denis Gamache et Odette Guérette se sont retirés dans leur domaine actuel dans un seul but : la retraite. Celle-ci est loin d'être paisible, vous pouvez me croire. Très tôt, ils décident de se lancer dans le chocolat et commencent avec Mᵐᵉ Pion, de l'École Barry de Paris. Par la suite, ils suivent différents stages et assistent à plusieurs présentations.

Parallèlement au travail avec le produit chocolaté, ils s'occupent de la culture de petits fruits : framboises, fraises, bleuets, cerises de terre, etc. Le public est parfois admis à l'autocueillette, mais il peut arriver que les propriétaires se réservent la production pour leurs propres besoins.

Leurs spécialités, de la mi-juillet à la mi-août, les chocolats aux bleuets frais ainsi que ceux aux saveurs alcoolisées du terroir québécois comme à la liqueur de cerise de terre (Amour en Cage), à la liqueur de sirop d'érable et de whisky canadien (Sortilège), à la liqueur de

> ## Cerise de terre
> *Amour en cage, lanterne japonaise, cerise d'hiver, groseille du cap, coqueret, alkérenge ou physalis, la cerise de terre connaît plusieurs appellations, mais une seule forme, un petit fruit jaune d'origine péruvienne, pas plus gros qu'une cerise et recouvert d'une mince feuille qu'on appelle « calice ».*
> *Au Québec, on en fait une liqueur commercialisée sour le nom d'« Amour en Cage ». Les cerises de terre qui la composent ont été cueillies au Domaine des Petits Fruits.*

mûres des marais (Chicoutai) et à la liqueur de cassis (L'Orléane). On y offre aussi plusieurs chocolats aux intérieurs classiques et traditionnels.

Chocolaterie-pâtisserie Raphaël

320, chemin Knowlton
LAC-BROME, J0E 1V0
☎ 450.242.2994

Raphaël Guillemette a quinze ans et demi lorsqu'il commence, en 1986, à travailler dans une chocolaterie belge de la rive sud de Montréal. Par la suite, il est embauché par une autre maison belge, où il restera pendant huit ans.

C'est à cette époque qu'il rencontre Nancy Pelletier, sa blonde rouquine, qui devient sa conjointe. En mai 2002, le petit Félix vient ajouter une note d'avenir au couple.

En juin 1996, ils achètent une maison datant de 1860, au centre du village de Lac-Brome. Ils l'aménagent pour en faire une chocolaterie. Cette phase d'installation, bien fournie en faits et événements inattendus, fournirait à elle seule matière à un récit où l'aventure occuperait une bonne place.

En effet, il n'est pas toujours facile de transformer une maison d'habitation en chocolaterie, pâtisserie et salon de thé. Quoi que l'on puisse en penser, force est d'admettre que l'atelier de fabrication de pâtisseries est incontestablement un exemple dont certains pourraient s'inspirer.

La partie arrière du magasin est réservée à la fabrication du chocolat qui se fait à la vue de la clientèle ravie.

Raphaël possède un talent fou, qu'il exerce dans une maison extraordinaire. Ses produits, mis à part les classiques recettes dites «belges» tels que manons, pralinés, trottoirs amandes et noisettes, contiennent de belles réussites comme ses ganaches au porto, au rhum, à la framboise, etc.

À déguster également ses crèmes glacées maison, ses sorbets, sans oublier ses divers gâteaux et pâtisseries.

Chocolatissime

28, rue Bennett

MORIN HEIGHTS, J0R 1H0

☎ 450.226.0003

Lorsque, en 1992, la pâtissière Anne Bourgoin s'allie avec Claude-Guy Dagenais pour ouvrir cette chocolaterie à Morin Heights, il faut, obligatoirement, que la même passion anime les deux partenaires. Par expérience, nous pouvons confirmer qu'une même flamme doit motiver l'ensemble des prises de décision.

En chocolaterie, il ne peut y avoir de bons résultats sans produits de base de premier choix. La satisfaction de la clientèle est une exigence majeure. Cet état de choses force le chocolatier à rechercher de nouveaux défis et à être à l'affût des nouvelles tendances.

Le choix fait par les deux associés d'utiliser des produits frais et biologiques est un plus en soi. En même temps, il exige un renouvellement constant des produits finis.

Leur vœu pour l'avenir est de faire rayonner à une plus grande échelle leur chocolat biologique à l'érable, ces deux produits (le chocolat et l'érable) se mariant bien l'un avec l'autre.

Dans la même veine, nous trouvons chez Chocolatissime des aiguillettes d'oranges confites, des nougats tendres, des truffes diverses, des rochers au praliné, des cerises marasquin et des crocs au gingembre.

Nougat

Confiserie fabriquée en alliant amandes, noix ou noisettes, sucre caramélisé et miel. Dans cette famille de friandises se retrouvent entre autres le nougat de Montélimar ainsi que le touron, un nougat très tendre.

En somme, une petite visite s'impose.

Manger du chocolat c'est soigner son esprit dans son corps!

Chocolats Chic-Choc

3488, rue Durocher
MONTRÉAL, H2X 2E1
☎ 514.282.1697

Précisons d'abord que, actuellement les chocolats fabriqués par Vincent et Sandrine ne se trouvent qu'au Castel Durocher, un gîte quatre-soleils situé au Centre-Ville de Montréal, dans la maison Emma-Tassé. Toutefois, on est sur le point d'ouvrir une boutique pour M. et Mme Tout le Monde.

Sandrine, qui est Belge, comme aussi Vincent, est née en Afrique. Dès son arrivée au Québec, en 1992, elle crée son entreprise nommée Chic-Choc. Elle s'inspire d'une de ses tantes qui avait créé en France, à Aix-en-Provence, la chocolaterie Puyricard, fort connue.

Actuellement tous les chocolats à base de ganache sont fabriqués au jour le jour; c'est le «plus» de la maison. Il est certain qu'un intérieur fabriqué avec de la crème et du beurre ne peut dépasser les deux semaines de longévité. Déjà, après une semaine, l'intérieur a changé de couleur et d'aspect. Évidemment, ceci oblige le chocolatier à produire en petites quantités, donc plus souvent.

Par contre, le résultat est une aventure sans pareille.

En alliant famille – la famille s'est agrandie de quatre enfants depuis l'arrivée à Montréal, la dernière fois en juin 2004 –, gîte et chocolats, il ne reste pas beaucoup de temps pour ne rien faire. Les projets ne manquent pas et l'ouverture à l'automne 2004 d'une petite boutique a dû apporter un stimulant dans la vie chocolatière de Vincent et Sandrine.

Chocolats de Chloé

375, rue Roy Est
MONTRÉAL, H2W 1N1
☎ 514.849.5550

ocolatsde 76 Les Chocolatsde Chloé Les Chocolatsde Chloé Les Chocolatsde Chloé Les Chocolatsde Chloé Les Chocolatsde Chloé Les Chocolatsde Chloé Les Ch

Au cours d'une nuit de tempête, le 31 décembre 1973, Chloé naît à Montréal avec la fée du chocolat penchée sur son berceau. Il faudra qu'elle attende quelques années avant de pouvoir travailler cette matière noble des dieux. Toute jeune enfant, elle éprouve beaucoup de plaisir à aider sa mère à fabriquer des truffes. Très tôt, elle tente elle-même ses propres expériences. Elle ne peut alors imaginer qu'il est possible de gagner sa vie de cette façon.

Parallèlement à ses activités de chocolatière en herbe, elle poursuit ses études collégiales en psychologie et complète une première année universitaire en sociologie, sans grand enthousiasme, elle l'admet aujourd'hui. Elle se demande constamment s'il est possible de vivre en pratiquant un métier qui procure du plaisir, et qui, surtout, fasse une place à la créativité. En creusant un peu et avec les souvenirs de sa jeunesse, elle se rend compte que c'est dans la profession de chocolatière que se trouve sa voie. Elle

quitte l'université et s'inscrit à l'Institut de tourisme et d'hôtellerie du Québec (ITHQ), dans une formation de pâtisserie et chocolaterie.

À la fin de son certificat, elle cumule quelques expériences dans des chocolateries artisanales puis décide d'ouvrir sa propre boutique, grâce à l'appui de gens de différents métiers.

Café et chocolat

Nul doute, le café et le chocolat ont une parenté. Les arbres qui leur donnent naissance croissent sous un même climat tropical, tous deux sont issus de fèves torréfiées, et leur qualité est tributaire de l'assemblage des crus. Mais plus encore, ils se marient agréablement bien en bouche. « Un café et un napolitain, garçon ! », et pourquoi pas un bicerin*, une boisson d'origine italienne composée à parts égales de café, de chocolat et de crème.*

Aujourd'hui, dans sa très petite boutique de la rue Roy, à Montréal, règne une atmosphère chaleureuse et détendue dans laquelle elle adore travailler. Créer des ganaches originales et nouvelles, bien réussir la cristallisation de ses couvertures, tremper à la fourchette chaque bouchée individuellement, voilà les gestes simples, mais combien valorisants, qui façonnent la passion de l'artisan chocolatier. Ces gestes, les clients les voient, les observent, ce qui incite ceux-ci à poser de nombreuses questions.

C'est, à mon avis, dit-elle, la meilleure solution pour que nos clients connaissent de mieux en mieux la matière que nous utilisons chaque jour. Aussi longtemps que je verrai un sourire sur les visages des gens qui visitent ma boutique, je serai dans l'obligation de toujours me remettre en question et de chercher à faire mieux.

La liste partielle des produits disponibles chez Chloé vous invitera à retourner plus d'une fois chez elle : ganaches au thé Earl Grey, à la framboise, au pollen de miel, aux cinq épices, au café Illy, au fruit de la passion, au chocolat noir et caramel cuit, au pastis.

Les Chocolats Favoris

32, avenue Bégin
LÉVIS, G6V 4B9
☎ 418.833-2287

Le destin des entreprises a souvent un côté légendaire ou original.

Les Chocolats Favoris ont été créés en 1979 afin de procurer de l'emploi à la famille! Le côté touristique a été développé, dès le début, par des visites de groupes scolaires ou autres.

En 1996, l'entreprise emménage dans les locaux actuels afin d'ouvrir un comptoir de crème glacée dans le style européen, et d'agrandir, par la même occasion, le local consacré à la chocolaterie.

La vocation du début a été conservée intacte, même si, en 2004, l'entreprise a fêté ses vingt-cinq ans d'existence.

La qualité des ingrédients utilisés, le service à la clientèle et l'originalité des différents produits fabriqués sont restés les critères de base très importants pour Les Chocolats Favoris.

Parmi ses produits, en plus des crèmes glacées et de l'élaboration d'une sauce

Chocolat noir

Le chocolat noir est composé de pâte de cacao, dans une proportion d'au moins 43 %, de beurre de cacao, de sucre et de lécithine.
Le chocolat noir est un produit de dégustation de plus en plus en vogue, prisé surtout par les adultes qui apprécient sa saveur intense et le fait qu'il contienne moins de gras (beurre de cacao) et moins de sucre que le chocolat au lait.

au chocolat pour leur enrobage, on trouve aussi différents moulages de conception maison, des pralines variées, ainsi que des chocolats personnalisés.

Chocolats
Geneviève Grandbois

Geneviève Grandbois fait partie de la classe sélecte des passionnées. Elle en est certainement l'innovatrice. Ce sont des choses qui se remarquent au premier contact.

Sa première fille, Juliette, qui a cinq ans, est, au moment d'écrire ces lignes, sur le point d'avoir une petite sœur. Toute une génération de chocolatières. À suivre !

Le chocolat est un produit qui fait de vous un amant à tout âge. Il suffit d'un éclat de Criolo et vous êtes fait ! Geneviève a reçu la grâce à l'âge de vingt ans. Elle amorce alors une série de stages de perfectionnement, tant au Québec qu'en Belgique. Elle lit tous les ouvrages qu'elle trouve sur le sujet et transforme sa cuisine en atelier.

Un an plus tard, elle ouvre sa première chocolaterie qu'elle revend trois ans après. En 2002, après quatre années de réflexion et d'expérimentations, elle ouvre son nouveau commerce sous son nom.

Par définition, elle estime qu'un bon chocolat dépend de matières premières de qualité, ce qui ne peut duper personne. Ensuite, ses mélanges exigent un doigté remarquable. Qu'il s'agisse d'une ganache au piment d'Espelette, au poivre de Cayenne ou au piment Serrano, toutes de traditions aztèques, le bouquet piquant ne doit jamais masquer l'arôme du chocolat.

Chaque saison trouve sa collection et, comme un couturier de prestige, elle lui donne un ton personnel. L'année 2004 a étonné avec ses chocolats au tabac de Virginie, au safran et à l'algue Nori ainsi que ses arômes de lavande, de framboise et de thé.

Mancerina

Pour éviter que le précieux chocolat chaud matinal ne se renverse – il était souvent consommé au lit –, le marquis de Mancera inventa, au XVIIe siècle, la tasse trembleuse ou « mancerina ». La soucoupe de cette tasse est munie en son centre d'une galerie de porcelaine dans laquelle vient s'insérer la tasse.

Les Chocolats Martine

5, rue Sainte-Anne Ouest
VILLE-MARIE, J9V 2B8
☎ 819.622.0146

Line Descoteaux et son mari, Bernard Flébus, achètent, voici sept ans, une petite chocolaterie artisanale à Ville-Marie, dans le lointain Témiscamingue.

Au fil de l'évolution de l'entreprise, le commerce déménage dans de nouveaux locaux plus vastes, juste au bord du lac. Un site enchanteur qui doit, en principe, inspirer tout artisan digne de ce nom.

Bernard possède un bac en biochimie. Est-ce à dire que ses origines belges l'ont poussé automatiquement en chocolaterie? Nous ne le saurons jamais. Par contre, son ambition personnelle et la situation géographique de son entreprise l'obligent à fabriquer certains produits de grande distribution. Il opte pour les tablettes de chocolat ainsi que pour des coupes de dégustation pour porto et liqueurs diverses. Incontesta-blement, ces dernières vont lui permettre de s'intégrer au marché, celui des tablettes étant déjà largement saturé. Avec ses coupes pour Porto, il est, en 2004, finaliste au Grand Prix canadien des produits nouveaux.

Il présente un joli choix de bonbons tels que la pralinette, la noix, les sans sucre, etc., sans oublier les moulages de saison et les bonbonnières de toutes sortes.

Pour ajouter un plus, mais sans viser une distinction d'excellence, Les Chocolats Martine détiennent le record mondial de la plus grosse barre de chocolat, avec un poids de 4560 kilos.

Pour ceux qui recherchent l'inédit, le voyage au Témiscamingue, avec la visite de la chocolaterie, vous en donnera plein les yeux et l'estomac.

Grand prix canadien des nouveaux produits

Ce prix célèbre l'innovation et l'excellence de nouveaux produits introduits sur le marché de l'alimentation. On souhaite ainsi favoriser la créativité et un développement de produits exceptionnels pour le consommateur.

Chocolats Privilège

1001, rue Fleury-Est

MONTRÉAL, H2C 1P8

☎ 514.385.6335

Chocolats Privilège est l'accomplissement de l'association de Ken Gubensky et de François Beaudry. Plus tard, Ludovic Fresse viendra s'ajouter à l'entreprise.

Ludovic, un Lorrain établi au Québec depuis 1993, travaille dans diverses pâtisseries connues de Montréal. En 1997, il se joint à l'équipe de Chocolats Privilège. Il est en charge depuis lors du département chocolaterie de l'entreprise.

Le laboratoire de fabrication est un modèle du genre tant par son équipement que par son aménagement et sa situation (air conditionné et hygrométrie). Cela fait parfois la différence dans la création chocolatière.

Chocolats Privilège acquièrent très rapidement la possibilité de personnaliser les chocolats pour les clients commerciaux, les événements spéciaux ou les demandes spécifiques grâce au système dit de «transfert». En bref, les dessins variés sont transférés en sucre sur des feuilles plastiques et déplacées ensuite directement sur le chocolat, moulés ou non. Voilà un chocolat dit «personnalisé».

L'entreprise Chocolats Privilège produit plus de quarante-cinq variétés de bonbons, en particulier des ganaches classiques et nouvelle tendance ainsi que des pralinés et des giandujas divers.

Ni chaud, ni froid

Le chocolat ne fait bon ménage ni avec le froid, ni avec la chaleur, ni avec l'humidité, ni avec la lumière. Le premier atténue son goût, la deuxième le fait blanchir par suite de la fonte et de la cristallisation du beurre de cacao, la troisième le rend mat et blanchâtre, la quatrième peut entraîner la décomposition du beurre de cacao et en altérer le goût. La température idéale pour conserver le chocolat se situe autour de 17 °C, dans un endroit sec, gardant les tablettes dans leur emballage d'aluminium.

Chocolats Suisses

411, chemin de la Grande-Côte
ROSEMÈRE, J7A 1K9
☎ 450.621.8440

Il a cinq ans, peut-être moins, lorsque le jeune Hermann Zuccatti trempe ses doigts pour la première fois dans la matière chocolatée. Son père possède une petite usine de chocolat dans la région de Zürich, en Suisse. Il est non seulement un excellent chocolatier, il est surtout un maître chocolatier expérimenté.

Après diverses expériences en chocolaterie, dont spécialement chez Camille Bloch, à Courtelary (Jura, Suisse) – une maison fondée en 1929 –, il arrive au Québec en 1967, année de l'Expo !

Il s'installe à Sherbrooke, où il travaille comme responsable de fabrication à la chocolaterie Lowneys, une usine qui fabrique surtout des barres et des bouchées. Si, sur le plan de la chocolaterie, ce n'est pas le sommet, c'est tout de même au cours de cette période qu'il rencontre celle qui deviendra son épouse, une enseignante.

Lorsque l'usine de Sherbrooke est déménagée en Ontario, il entre chez Bonbon-Expert, à Montréal-Nord, où il agit comme conseiller technique jusqu'en 1988.

L'année suivante, Hermann décide de se lancer dans l'arène de l'artisanat en ouvrant sa petite chocolaterie, chemin de la Grande-Côte, à Rosemère. Au fil du temps, la boutique connaît diverses améliorations locatives, mais elle se trouve encore et toujours au même endroit.

Chocolatier strict, comme le sont les Suisses, Hermann accentue ses efforts vers des produits de qualité supérieure. À Pâques, il fait encore des œufs en nougat et beaucoup de bonbonnières. Une très grande variétés de bonbons chocolat, dont beaucoup de truffes, de ganaches diverses et de pralinés.

Chocolune

274, boulevard Sainte-Rose

LAVAL, H7L 1M2

☎ 450.628.7188

Christian et Edwige Lapeyrie arrivent au Québec en 1971.

La rencontre du couple a eu lieu à Evian, en Haute-Savoie. Edwige y habitait. Christian venait y faire les saisons estivales en hôtellerie, comme commis-pâtissier. Christian étant originaire d'Algérie (Afrique du Nord), on peut qualifier cette rencontre de coïncidence écrite dans les étoiles!

En 1978, le couple s'installe dans un vieux centre commercial, à Rosemère. Après 11 ans, il déménage dans le Vieux-Sainte-Rose et ouvre Chocolune. C'est une histoire de plus de 15 années de succès, avec diverses améliorations locatives successives.

Le couple est très conscient de la nécessité d'un engagement constant pour la sauvegarde de quelle que profession artisanale que ce soit. Ainsi, Edwige sera durant plusieurs années présidente de l'APAQ (Associations des artisans pâtissiers du Québec).

Association des pâtissiers artisans du Québec

Fondée en 1984, l'Association des pâtissiers artisans du Québec (APAQ) regroupe des professionnels afin d'échanger, d'informer sur les nouveautés, de promouvoir la profession. Ouverte à toute personne qui pratique, enseigne, étudie ou sert la pâtisserie artisanale, l'APAQ définit un artisan comme «un travailleur manuel exerçant son métier de façon traditionnelle et qui utilise des matières premières de qualité non industrielles ou transformées».

Avec le temps, et spécialement depuis l'installation à l'endroit actuel, Christian monte un petit bijou de chocolaterie au-dessus de la pâtisserie. Il y façonne au fil des saisons (Noël, Pâques, etc.) des moulages divers. Pour les pralines, les trois quarts des intérieurs sont faits de ganaches au gingembre, au miel, à la framboise, aux bleuets, au rhum, à l'Abricotine suisse (eau-de-vie d'abricots), au thé, etc.

Chocopat

388, chemin de la Grande-Côte
ROSEMÈRE, J7A 1J7
☎ 450.621.3838

Pascal et Dominique Leroy arrivent au Québec en 1995, directement de Paris. Pascal est le descendant d'une lignée de pâtissiers. Il a obtenu son certificat d'aptitude professionelle de pâtissier-chocolatier et a suivi plusieurs cours en sucre soufflé chez Lenôtre et chez Bellouet. Après avoir occupé différents postes de chef pâtissier et même de gérant de commerce en France, Pascal et Dominique arrivent chez nous.

Pascal est d'abord chef de poste et des mousses dans une des plus grandes pâtisseries de Montréal, et chef pâtissier dans diverses entreprises d'ici.

Le couple commence à produire des chocolats dans un labo aménagé dans le sous-sol de leur maison. À l'automne 2004, il s'installe à Rosemère, chemin de la Grande-Côte, une rue qui doit être le « paradis des chocolatiers », puisqu'on y trouve cinq maisons chocolatières. Le couple possède également une boutique aux Galeries de Rosemère.

Les artisans de Chocopat fabriquent beaucoup de chocolats exclusifs, spécialement dans les formes, créant des moules qu'ils font thermoformer afin de garder à leur production une personnalité bien à eux. Pour compléter leur gamme de produits, Pascal et Dominique proposent à leurs clients des sucres d'orge divers (une spécialité) et des nougats de Montélimar (en projet).

Nougat de Montélimar

À Montélimar (France), on cultive les amandiers depuis la fin des années 1500. Le nougat y est né au cours de la deuxième moitié du XVII siècle. *De père inconnu, le bonbon n'en gagne pas moins rapidement ses lettres de noblesse, visiteurs de marque, princes et rois de passage s'en faisant offrir… et s'en délectant. La coutume est restée à Montélimar et le produit a essaimé. Aujourd'hui, l'appellation « nougat de Montélimar » est réservée aux produits contenant au moins 30 % d'amandes, ou 28 % d'amandes et 2 % de pistaches, et 25 % de miel de lavande.*

Confiserie Yoma

1548 A, route 277

LAC-ETCHEMIN, GOR 1S0

☎ 418.625.3536

La Confiserie Yoma existe depuis 1986. C'est la réalisation du rêve d'une famille québécoise revenue au pays après quelques années passées en Belgique.

Le couple fondateur, avec l'aide de l'un de leur fils et de sa conjointe, tous deux formés en chocolaterie à l'Institut Callebaut en Belgique, développe différents produits qui sont distribués dans plusieurs points de vente au Québec.

Ensuite, les parents remettent l'entreprise à leur fils. Malheureusement, à la suite d'une très longue maladie, celui-ci décède. Sa conjointe continuera la production, seule, durant quelques années.

Ayant à nouveau rencontré l'amour, elle formera une nouvelle union, tant sur le plan personnel que sur celui de l'entreprise .

Ce sont donc Patricia De Smedt et Stephan Lafontaine qui continuent aujourd'hui la fabrication des produits de chocolat. En 2004, une nouvelle usine de fabrication, abritant le siège social de l'entreprise, est construite à Lac-Etchemin.

Les spécialités de la maison sont les moulages pleins, soit des tablettes et des barres, ainsi que quelques pralines et différents sujets moulés pour toutes occasions.

Chocolat au lait

Apparu en Suisse en 1875, le chocolat au lait est composé de sucre, de pâte de cacao, de poudre de lait, de beurre de cacao, de lécithine et de vanille. Ce type de chocolat se distingue du chocolat noir par le fait qu'il contient moins de cacao et plus de sucre. En fait, il doit contenir 25 % de solides de cacao, 12 % de solides du lait et au plus 55 % de sucre. Quelle que soit la forme qu'il revêt, tablettes, bouchées, moulages, le chocolat au lait est le plus consommé dans le monde.

Confiseries
Hansel & Gretel

3809, rue Principale, local 10

DUNHAM, JOE 1M0

☎ 450.295.1320

seriesHa **86** GretelLes Confiseries Hansel&GretelLes Confiseries Hansel&GretelLes Confiseries Hansel&GretelLes Confiseries Hansel&GretelLes Confiseries

Karine crée l'entreprise en 1997, dans la municipalité de Frelighsburg. Au printemps 1999, elle déménage à Dunham, dans le secteur des vignobles, où, comme par magie, le chocolat allait occuper une place importante. En 2001, elle emménage dans une maison bicentenaire remise entièrement à neuf.

Karine est une diplômée universitaire en administration qui, en autodidacte, a bifurqué vers le chocolat. Pourquoi ? Karine donne deux motivations à sa conversion : premièrement, elle voulait travailler une matière noble faisant appel à des possibilités uniques et multiples ainsi qu'à la créativité de l'artisan; deuxièmement, elle appréciait découvrir l'enchantement et l'émerveillement dans les yeux des gens à la vue des petits chefs-d'œuvre

> ## Réglisse
> La réglisse ou « Glycyrrhiza », racine sucrée, entre dans la confection de nombre de bonbons et de pastilles, médicamenteuses ou non.
> Les Russes et les Scandinaves l'incorporent à leurs apéritifs, liqueurs et bières; les Chinois en apprécient les vertus tonifiantes; ailleurs, en Occident, on en aromatise même le tabac.

qu'elle avait la faculté de créer de ses mains.

Au début, Karine se spécialise dans la vente de produits à tartiner; puis, avec sa sœur Mélanie venue se joindre à elle à temps plein en 2001, elle a se tourne véritablement vers les produits du chocolat, tout en y ajoutant, en 2003, les volets pâtisserie, crèmes glacées et sorbets.

Grâce à la situation géographique de la boutique, l'artisane utilise des produits du terroir tels que le miel, le beurre d'érable, les bleuets, ainsi que divers liqueurs et digestifs produits par les vignerons environnants. De jolis paniers cadeaux composés de bonbons importés, de nougats, de pâtes de fruits, de réglisses, etc., complètent ses étalages.

Créations Gourmandes

1080, rue Union

SAINTE-CATHERINE, J0L 1E0

☎ 450.635.8330

Diane Saint-Cyr-Leftakis se marie très jeune avec un homme originaire de Zakinthos, en Grèce. Celui-ci possède plusieurs restaurants au Québec. Diane, qui a suivi une formation en pâtisserie à l'ITHQ, travaille pendant quelques années à préparer les desserts dans les restaurants de son mari.

> ## Institut de tourisme et d'hôtellerie du Québec
>
> L'Institut de tourisme et d'hôtellerie du Québec (ITHQ) a été fondé par le gouvernement québécois en 1968 afin de répondre aux besoins de l'industrie. Aujourd'hui, l'école dispense des cours aux niveaux secondaire, collégial et universitaire, et offre des formations diverses en cuisine, en pâtisserie, en restauration, en sommellerie, en gestion hôtelière, en tourisme…

À un certain moment, la passion du chocolat prend le dessus sur tout le reste. Elle suit, comme plusieurs, des séminaires de formation chez Barry Callebaut et chez d'autres fournisseurs.

En 1998, elle ouvre sa boutique de chocolats et pâtisseries à Sainte-Catherine, sur la rive sud de Montréal, où elle organise également de petits cours de formation en chocolaterie.

En 2005, un agrandissement majeur va lui permettre d'utiliser une surface de plus de quatre mille pieds carrés.

Mais son activité principale reste la fabrication de bonbons chocolats, de truffes, de pièces montées pour mariages, ainsi que diverses autres créations.

Cupidon
Chocolatier

2661, boulevard du Versant-Nord
local 202
SAINTE-FOY, G1V 1A3
☎ 418.650.3324

C'est en 1991, que Rachid Mogabgab et son épouse, Carine Maher, créent la chocolaterie Cupidon.

On y confectionne des produits qui, au départ, sont vendus dans des pâtisseries et des hôtels comme le Château Frontenac ou le Manoir Richelieu.

En 2002, Cupidon Chocolatier ouvre sa première boutique au Château Frontenac, à Québec. Deux autres boutiques suivent bientôt à Sillery, rue Maguire.

Auparavant, il y a eu différentes étapes, dont la conception, dès 1998, des tablettes de chocolat Montignac, dont l'entreprise détient l'exclusivité pour le Canada et les États-Unis.

En 1999, Rachid crée son fameux masque, qui devient rapidement sa marque de commerce. Ce masque très original est d'ailleurs offert un peu partout comme cadeau, jusque dans les sphères gouvernementales.

Mis à part ses pralines maison, Cupidon fabrique, depuis 2002, des tablettes de chocolat équitable pour Oxfam Québec, sous le nom d'Équita.

En 2004, naît une nouvelle gamme de chocolats classiques nommée «Divin». Cette série propose du chocolat noir à 72 %, ainsi que des bonbons faits de chocolat au lait, de chocolat noir et de morceaux d'écorces d'oranges confites. Toujours en 2004, sous la marque Caprice, quatre nouvelles barres de 45 g sont créées : noir, noir amandes, lait, lait amandes.

En conclusion, vu la quantité de couvertures utilisées et de produits fabriqués, il est devenu inconvenant de décrire la maison Cupidon comme une chocolaterie artisanale. C'est plutôt, en bref, une industrie chocolatière !

Divins Chocolats de Sandra

Les

773, rue Saint-François-Xavier

TERREBONNE, J6W 1G8

☎ 450.471.9275

Le 1ᵉʳ juillet 2004, Sandra fêtait le premier anniversaire des Divins Chocolats de Sandra, à Terrebonne, ce qui ne signifie pas pour autant une expérience limitée, ne nous trompons pas.

En effet, c'est Transfair Canada qui lui a permis de créer la première chocolaterie artisanale pour la transformation de chocolat équitable en produits fins haut de gamme.

Après une formation en pâtisserie couronnée par un DEP, Sandra travaille durant deux ans dans une chocolaterie artisanale de Montréal. Il est évident que ce métier passionant et passionnel exige une recherche constante, non seulement pour créer de nouvelles recettes, mais surtout pour savoir se tenir au goût du jour.

Cette préoccupation lui permet de présenter à sa clientèle une gamme complète de produits qui lui sont propres.

Rose du désert ou rose des sables

La rose du désert, ou rose des sables, est une gourmandise chocolatée dans laquelle s'amalgament flocons de maïs — ou noisettes, ou amandes, ou d'autres produits, selon le créateur qui la concocte — et chocolat de couverture au lait ou noir… Une fois bien tassé dans un moule, le mélange est réfrigéré, puis démoulé pour être offert aux becs sucrés.

Sandra offre des truffes au cacao, au caramel brûlé, à la crème de miel, aux épices, à la fraise et au basilic, à la gelée de pomme et de romarin, aux dattes, sans oublier ses différentes ganaches au café, son coulis de bleuet, ses roses du désert aux amandes, au raisin et au gingembre. En tout, plus de quarante saveurs, de quoi contenter les plus fins palais!

Eddy Laurent
Chocolat belge &
Arts de la table

1276, avenue Maguire
QUÉBEC, G1T 1Z3
☎ 418.682.3005

urent Ch **90** *belge& ArtsdelatableEddy Laurent Chocolatbelge& ArtsdelatableEddy Laurent Chocolatbelge& ArtsdelatableEddy Laurent Chocolatbelge&*

Anne-Josèphe et Eddy Laurent arrivent de Verviers, Belgique, en 1990 avec leurs deux enfants, Pierre et Marie.

Leur magasin, à Québec (secteur Sillery), est un modèle du genre. Il faut dire que la plus grande partie est dédiée aux arts de la table dont Anne-Josèphe est responsable.

Eddy fabrique ses chocolats dans un labo installé au sous-sol de leur maison, ce qui a pour conséquence que les effluves traditionnels que l'on hume dans les chocolateries sont absents.

Eddy est un homme calme, sensible aux vraies valeurs du chocolat. Son propos n'est pas marqué du sentiment parfois un peu « gonflant » que plusieurs chocolatiers belges essaient de faire passer dans leur message tonitruant concernant LE « chocolat belge ». Fort heureusement, il existe d'autres sources d'approvisionnement que la Belgique, offrant parfois une qualité supérieure.

Eddy propose les manons, aux noisettes, à la crème caramel et ganache chocolat, et ce, dans la pure tradition de l'école belge. Il confectionne également des ganaches variées : au vin rouge, extra amer, thé et miel, crème fraîche et crème noisette.

Manon

De tradition belge, le manon est une friandise composée d'une crème montée au beurre parfumée au moka, serrée entre deux cerneaux de noix et roulée dans du sucre fondant chaud. Aujourd'hui, il n'est pas rare que l'enrobage sucré soit remplacé par du chocolat blanc, sans compter que chaque chocolatier peut y aller de son inspiration.

Il fabrique en très petites quantités. S'ils sont conservés dans de bonnes conditions, ses produits sont garantis pendant environ dix jours. Comme toujours, voilà un gage de la qualité des matières premières utilisées.

167, avenue Morel
KAMOURASKA, G0L 1M0
☎ 418.492.7700

La Fée gourmande

De retour au Québec à la suite d'un long séjour en Afrique, Michelle et André Vallières tombent en amour avec la région de Kamouraska. Ils s'installent dans une belle maison ancestrale, à croire que les vieux murs créent l'environnement essentiel pour la créativité !

Leur pâtisserie-chocolaterie, bientôt dotée d'un café-terrasse, dont le solarium est utilisé comme salon de thé en saison morte, se situe tout juste aux confins du fleuve et de la mer.

Au Zimbabwé, où Michelle a habité durant dix ans, elle a eu l'occasion, rare pour un chocolatier, de participer à la préparation du chocolat brut. En très peu de temps elle apprend que les fèves de cacao ne sont pas toutes égales sur le plan de la qualité. C'est ce qui fait la différence entre un bon et un mauvais chocolat, les variations d'arômes et de saveurs dépendant en grande partie du terroir, comme pour la plupart des produits de la terre. Elle comprend qu'il est impossible de produire des bonbons de qualité uniquement avec deux ou trois couvertures de chocolat !

La teneur en cacao détermine en grande partie les mélanges et l'utilisation dans les ganaches, selon les parfums naturels utilisés. Garder l'arôme du chocolat, tout en apportant la fragrance idéale au bonbon fini, voilà le véritable défi.

La passion africaine de Michelle se retrouve dans les fruits, les herbes, les épices et les fleurs qu'elle utilise dans ses intérieurs. Ses compositions fétiches sont les ganaches fleur de lavande, thé à la bergamote, menthe et verveine, le Zanzibar à l'orange et au gingembre, le petit caprice de Tanzanie et le chardon cubain. Mentionnons aussi son caramel à l'ancienne, le maya à la cardamome et le caramel fondant à la poire Williams, pour ne citer que ses gris-gris inspirants...

Fleur de Cacao

840, rue Shefford
BROMONT, J2L 1C3
☎ 450.534.1311

Si la tendance se maintient, 2005 sera l'année de Jean-Pierre Templier.

Même si Jean-Pierre est assez connu, tant dans le milieu de la pâtisserie que dans celui de la chocolaterie, ce n'est qu'au début de 2005 que sa propre chocolaterie a vu le jour dans la région touristique de Bromont.

Après un apprentissage de la pâtisserie dans la banlieue parisienne, Jean-Pierre monte travailler à Paris pour parfaire sa formation. Arrivé au Québec en 1981, il commence à travailler dans une pâtisserie connue de Montréal, où il restera vingt-deux ans. C'est ce qui s'appelle un mariage fidèle! Durant cette période il se marie, pour de vrai justement, et, de son couple, trois enfants naîtront : Sarah, William et Gabriel.

Durant ces vingt-deux années de travail, il occupera successivement les postes de décorateur, de glacier et de chocolatier, tout en s'occupant des projets spéciaux.

En 2002, il quitte la pâtisserie qui l'employait depuis 1981 et se lance dans l'enseignement professionnel à l'École du Cordon Bleu, à Ottawa, non sans avoir suivi des cours intensifs d'anglais. Pour le compte de son école, il fait également des interventions spéciales aux États-Unis.

Ambassadeur, depuis 1997, pour la marque Barry Callebaut, il y a donné des cours et des démonstrations diverses. De plus, en 2000, ses pairs l'on nommé pâtissier de l'année.

En passant, Jean-Pierre est le trésorier de l'AACQ (Association des artisans chocolatiers du Québec) depuis trois ans, ce qui veut dire, en bref, qu'il est très impliqué dans le milieu professionnel.

Avec ce premier commerce à Bromont, il compte offrir une très large gamme de chocolats maison, de la confiserie, comprenant des nougats de Montélimar et des sujets en pâte d'amande, et de la pâtisserie, uniquement chocolatée, le tout de fabrication artisanale et sur place.

Fous Desserts

819, avenue Laurier Est
MONTRÉAL, H2J 1G2
☎ 514.273.9335

Frank Dury Pavet, qui a appris la pâtisserie dès l'âge de 14 ans, est originaire de la région lyonnaise, de grande tradition des métiers de bouche.

Il est âgé de 25 ans lorsqu'il arrive au Québec, à la recherche d'un nouveau pays et de nouvelles cultures.

En 1995, il ouvre Fous Desserts qui, durant quatre ans, ne desservira que le monde de la restauration, spécialement en desserts et viennoiseries.

En 1999, il établit sa boutique à l'adresse actuelle. Il axe sa production tant en viennoiseries, en pâtisseries qu'en chocolats, misant sur la très haute qualité des matières premières utilisées. Il a compris que le secret d'un produit de qualité supérieure ne réside que dans la qualité des ingrédients. Ce ne sont ni les titres, ni les appellations qui font un produit dit « d'exception », il faut l'art de marier les saveurs. D'ailleurs, ses produits plaisent, on en veut pour preuve le fait qu'il livre ses créations dans plus d'une trentaine de restaurants réputés de Montréal.

Parmi ses diverses spécialités, il faut noter les nougats, les sablés au poivre rose, les amandes Princesse, le praliné à l'ancienne et le praliné de Lyon. Son amour des matières hors du commun en font automatiquement un orfèvre en chocolaterie. À voir...

Viennoiseries

On appelle viennoiseries l'ensemble des produits fins de boulangerie qui ne sont pas des pains, comme les croissant, brioche, kouglof. Les viennoiseries, comme on peut l'imaginer, sont originaires d'Autriche, mais aussi de Pologne. Le croissant aurait été introduit en France par la reine Marie-Antoinette (d'origine autrichienne), vers 1780, mais son usage ne se généralisa que dans les années 1920.

Fudgerie
Les Mignardises
Doucinet

319, 80ᵉ Rue Ouest

QUÉBEC, G1H 4M9

☎ 418.622.9595

Michelle Martin et Jacques Thivierge sont les deux créateurs de ce concept original. Fondé en 2002, cet établissement prend forme de boutique dans la maison d'habitation.

Il est certain que le fudge tient la plus grande place dans ce commerce. Plus de 80 variétés à déguster, selon les goûts du jour.

Dès l'entrée, vous êtes séduits par le décor et les délicats effluves de ces péchés mignons que sont le fudge et le chocolat.

Comme chez tous les fabricants de confiserie, on trouve des créations originales concoctées à partir d'ingrédients de première qualité, il va de soi.

Beaucoup d'essences naturelles aussi, mais également le souci de satisfaire la clientèle. Nos deux copropriétaires sont même allés se promener en Belgique et en Allemagne, à la recherche de stages de perfectionnement reliés au chocolat.

Fudge

Le fudge (aussi connu sous le nom de fondant américain*) est une sucrerie typiquement nord-américaine, son nom est d'ailleurs emprunté de l'anglais. Le sucre, le lait, le beurre et, bien sûr, le chocolat, sont les ingrédients de base de cette friandise crémeuse, mais la recette se prête à mille et une variantes, à preuve…*

Gendron
Confiseur-Chocolatier

823, rue Marquette

LONGUEUIL, J4K 4H5

☎ 450.646.6001

Daniel Gendron a un parcours plutôt hors du commun, quoique, en venant au chocolat, il ait suivi ses intuitions créatives et passionnées.

De formation professionnelle, Daniel est historien de l'art contemporain. Il a également derrière lui toute une carrière d'artiste peintre et plusieurs années de séjour en Europe et aux États-Unis.

Quand il revient s'établir pour de bon au Québec, il s'initie à la matière chocolatée. Après un courte formation technique et beaucoup de pratique, il décide de faire carrière en se consacrant au chocolat. C'est ainsi que son atelier de fabrication a vu le jour en l'an 2000.

Son activité première pavait déjà la voie à ses produits qui se classent dans une gamme d'inspiration naturelle, en premier lieu et, uniformément, dans une subtilité à l'extrême. Ses intérieurs sont majoritairement composés de ganaches, et les saveurs sont créées à partir de fines herbes, de fleurs et de fruits frais. Les ingrédients suivants ne devraient pas manquer de vous inspirer : café Kaüai d'Hawaï, épinette noire, figue, genévrier, pur malt, mimosa, thé vert Matcha, thé fumé impérial, Lapsang Souchong, vanille de Tahiti; ils sont tous dans la gamme étendue de ce que les artistes artisans sont capables de vous faire connaître.

Ici s'applique le fameux dicton : l'essayer c'est l'adopter !

Vanille

La vanille, originaire d'Amérique du Sud, a suivi la route du cacao. En effet, les Espagnols l'ont importée, ayant pu en apprécier le goût dans les boissons chocolatées que concoctaient les Aztèques. Après séchage et fermentation, les fruits, appelés gousses, deviennent noirs et aromatiques grâce à la formation de cristaux de vanilline. La vanille serait l'épice la plus coûteuse, après le safran.

Légendes et Origines

4517, rue Saint-Denis
MONTRÉAL, H2J 2L4
☎ 514.286. 9060

Le chocolat fin, Isabelle et Guy Eysseric connaissent. Il y a plus de quinze ans qu'ils baignent dedans, et gravitent autour. Ils le découvrent aux quatre coins du monde, pour le compte de fabricants de chocolat internationaux. C'est une longue histoire de passion. La création de Légende et Origines, espace de diffusion de la haute chocolaterie québécoise, est une suite logique de leur histoire.

Depuis décembre 2004, dans les comptoirs de leur café-boutique, se côtoient de petits chefs-d'œuvre portant la griffe d'artisans chocolatiers d'ici.

Il était très important pour nous de faire créer des produits exclusifs et de faire découvrir à nos clients des bouchées de chocolat aux parfums recherchés, confectionnés par les meilleurs artisans chocolatiers du Québec.

La première collection de Légendes et Origines propose des chocolats regroupés sous le thème du voyage au plaisir des sens et du retour à l'authenticité des matières premières : gingembre, fleur de lavande, mangue, thé, miel et autres parfums alliés à différents crus de chocolat d'origines diverses. Disponibles à l'unité ou en assortiment divers, ces bouchées offrent au palais des moments de délice.

Côté café, Isabelle et Guy offrent à leurs clients le loisir de déguster sur place et de faire l'expérience unique du «chocolat espresso». C'est un breuvage d'inspiration aztèque qui est le pendant de celui que l'empereur Moctezuma consommait à fortes doses, avant de visiter son harem. Nous restons bien dans la légende!

La boutique offre un choix de différents produits généralement destinés aux professionnels du chocolat. Ainsi, diverses variétés de couvertures de chocolat pourront combler les amateurs de produits recherchés. On peut aussi se procurer tous les produits spécialisés, les propriétaires les commanderont pour vous.

La Maison Cakao

5090, rue Fabre
MONTRÉAL, H2J 3W4
☎ 514.598.2462

Cette petite chocolaterie artisanale existe depuis 1997. En l'an 2000, Édith Gagnon reprend le commerce et, depuis, y concocte chocolats, pâtisseries et crèmes glacées artisanales.

Après une formation en pâtisserie, comme une très grande majorité de chocolatiers québécois, Edith se tourne très rapidement vers la matière chocolatée. Sa ferveur pour le produit lui permet de se surpasser lors de la préparation de ses divers intérieurs, ganaches ou autres.

Édith est convaincue que la connaissance parfaite des matières premières stimule l'inspiration pour la création de nouvelles recettes ou tendances, tout en gardant l'esprit chocolatier. Elle n'oublie jamais l'importance de la fraîcheur et de la qualité des produits utilisés. Il n'y a pas de bonbons supérieurs sans des ingrédients supérieurs !

Sa petite boutique offre des nouveautés originales utilisant d'une manière adéquate les épices, comme la cardamome ou la fève tonka, sans oublier les classiques habituels.

Édith a rapidement compris que l'utilisation de diverses fragrances ne peut faire bon mélange qu'avec la bonne couverture, qui sera choisie en fonction de son arôme, de sa teneur en cacao, de son origine, etc.

Fève tonka

Le tonka, un arbre originaire d'Amérique du Sud, produit des fèves allongées, presque noires, réputées pour leur goût et leur parfum d'herbe fraîchement coupée. Ce serait la coumarine contenue dans ces fèves qui leur confère cette odeur particulière. En cuisine, écrasée, râpée ou moulue, la fève tonka se marie bien à la vanille ou à la noix de coco, aromatisant crèmes anglaises, gâteaux ou confiseries; en parfumerie on apprécie sa fragrance à dominance orientale; son parfum relève aussi certains tabacs.

La Maison des bonbons

1419, avenue Saint-Antoine
VAUDREUIL-DORION, J7V 8P2
☎ 450.455.1749

Nicole Desormiers est la propriétaire-chocolatière de cette boutique campagnarde depuis plus de 17 ans. Tout un pari, il est vrai, que de s'installer en pleine nature! Mais ce que femme veut...

Nicole compte de nombreuses participations à des séminaires et à des cours de perfectionnement en chocolaterie, dont celui du Collège Callebaut, à Wieze, en Belgique.

Douée de talents artistiques remarquables, Nicole crée de petites peintures cacao sur chocolat. Avec l'AACQ (Association des artisans chocolatiers du Québec), elle participe à plusieurs activités et démonstrations, notamment à la Fête du Chocolat de Bromont et à la foire de Québec. Elle était d'ailleurs présente, avec son commerce, à la première édition du Marché du chocolat de Montréal, en septembre 2003.

Nicole est parfaitement consciente que, pour avancer dans cette profession toute de créativité, il faut continuellement se renseigner sur les nouvelles tendances, les nouvelles techniques ainsi que sur les nouveaux produits que les fabricants mettent sur le marché. C'est là, certainement, le petit plus qui fait la différence entre être et devenir!

Fête du Chocolat

Une fois l'an, à Bromont, les amateurs de chocolat sont conviés à partager leur passion autour de la dégustation de grands crus et de friandises chocolatées diverses. Cette célébration de la matière chocolatée serait une première en Amérique du Nord.

Depuis quelques années, elle fabrique de petites coupes en chocolat destinée à la dégustation du porto. Il faut voir ses peintures sur chocolat faites à partir de dessins, ses ganaches au cognac, au café, à la framboise, ainsi que ses suçons et logos d'entreprise sur chocolat.

La Maison du Défricheur

976, montée du Bois-Franc

TRÈS-SAINT-RÉDEMPTEUR, J0P 1P0

☎ 450.451.5809

Lorsque Jean-Louis Cottin et son épouse, Odile, ouvrent leur restaurant-chocolaterie en pleine montagne de Rigaud, en 1989, il leur faut une certaine dose d'imagination, d'audace et de courage.

Sept ans plus tard, en 1996, leur fille Catherine et son conjoint Hugo se joignent à la compagnie. L'entreprise familiale la Maison du défricheur est née.

Comme plusieurs restaurateurs, ils commencent la fabrication de bonbons chocolat pour les offrir à leurs clients comme un petit plus à la fin du repas.

À l'occasion des fêtes de Pâques et de Noël, ils organisent des portes ouvertes sur le chocolat avec des activités d'animation et, bien entendu, des dégustations, ce que semble apprécier la clientèle.

Également, une approche sensorielle au sujet du chocolat a été créée pour les enfants des écoles primaires. Des ateliers éducatifs sur la matière permettent de développer la capacité de reconnaître la teneur en cacao des différents chocolats proposés.

À la Maison du Défricheur, on peut acheter du chocolat à l'année. On y trouve beaucoup d'assortiments de ganaches et de pralinés et, évidemment, du chocolat à l'érable, les produits de l'érable étant la spécialité de la région.

Chocolat blanc

Le chocolat blanc est issu d'un mélange de beurre de cacao, de sucre, de poudre de lait et de lécithine. En fait, le chocolat blanc ne contient pas de cacao, même s'il porte l'appellation « chocolat ». Il doit cependant contenir au moins 20 % de beurre de cacao et 14 % de solides du lait pour mériter son titre!

Marlain Chocolatier

21, avenue Cartier
POINTE-CLAIRE, H9S 4R5
☎ 514.694.9259

Marlain Jean-Philippe est originaire de la Guyane française. Il étudie en cuisine, pâtisserie et confiserie à l'École hôtelière de la Martinique où il obtient, en 1974, ses certificats de graduation.

Après avoir bourlingué durant une dizaine d'années dans différents hôtels et Clubs Meds en Corse, en Martinique et dans les Pyrénées françaises, il complète un stage en chocolaterie et confiserie à l'École Lenôtre, de Paris.

En quête de nouveaux défis, il ouvre sa boutique de chocolats à Pointe-Claire en novembre 1985. Dès le début, gâteaux, chocolats et crèmes glacées se relaient dans les vitrines, et se diversifient au fil des ans.

Marlain improvise constamment de nouvelles recettes. Il tient en permanence pas moins de vingt-six variétés de pralines, dont les vedettes sont le Marlain, un pavé composé de huit épices, et l'Aphrodite, un chocolat noir à base de ginseng et de piment de Cayenne. Ce dernier a été présenté au Canada entier lors de l'émission de télévision *On the Road Again*.

Sa dernière création est une ligne de cosmétiques, tous à base de chocolat : baumes à lèvres, crèmes et huiles de massage, sans oublier son chocolat diététique et une sauce piquante à base de différentes épices.

La Guyane reviendrait-elle le hanter ?

Ballotin

« *Emballage en carton pour confiseries fermé par 4 rabats* », nous dit Le Petit Robert. *Aujourd'hui d'usage courant, la petite boîte n'a pourtant été inventée qu'en 1912 par le Belge Jean Neuhaus. Sans doute voulait-il ainsi créer un écrin destiné à protéger et mettre en valeur son autre invention, la coquille de chocolat solide qui a permis, depuis, de fabriquer moult pralines !*

Miss Chocolat

173, promenade du Portage
GATINEAU, J8X 2K4
☎ 819.775.3499

Nathalie Borne a appris son métier à Montréal. Elle le pratique depuis plus de quatorze ans et a travaillé dans des maisons fort connues du Grand Montréal. À la suite d'un grave accident et après plus d'un an de convalescence, elle prend la décision de créer sa propre chocolaterie en 2001, ceci après s'être installée en Outaouais en 1999.

Ses nouveaux amis l'appellent affectueusement «Miss Chocolat»; elle arrête son choix sur ce nom convivial pour matérialiser son rêve.

En décembre 2003, une petite fille fait son apparition dans le local de fabrication de la chocolaterie. Suivra-t-elle la voie tracée par sa mère? Un certain suivi sera nécessessaire...

Nathalie est continuellement en état de recherche. Elle le sait depuis le début que chocolat sous-entend création! Elle innove avec ses truffes assorties, ses douceurs aztèques aux piments, au gingembre et à la cardamome, ses nougats au chocolat fabriqués avec du miel de sapin, sans oublier les différents moulages et montages réalisés à l'occasion de Noël, de la Saint-Valentin, de Pâques et de la fête des Mères.

Pour éveiller le sens des plus jeunes, elle organise de petites écoles culinaires caractérisées par des ateliers interactifs. Pour les adultes, elle élabore des ateliers de niveau supérieur, avec dégustation de porto et chocolat ainsi que diverses autres activités.

Lors de la création de l'Association des artisans chocolatiers du Québec (AACQ), Nathalie a été élue vice-présidente, poste qu'elle a occupé durant deux ans. La naissance de sa fille l'a obligée à faire face à d'autres obligations.

Le chocolat exige d'elle une implication où tant le cœur que le savoir et la passion se mêlent harmonieusement.

Musée de l'Abeille

8862, boulevard Sainte-Anne
CHÂTEAU-RICHER, GOA 1N0
☎ 418.824.4411

Les Ruchers Promiel voient le jour en 1990, fondés par cinq apiculteurs de la région. Le Musée de l'abeille compte aujourd'hui plus de quatre mille cinq cents ruches qui donnent plus de deux cent soixante-dix mille kilos de miel annuellement. Nous sommes très loin de l'artisanat, en terme de mise en marché du miel.

On produit aussi des tartinades au miel, des sauces, de l'hydromel (vin de miel). L'entreprise fabrique huit variétés de vins, pour un grand total de quinze mille bouteilles par année.

En 1995, le Musée ouvre sa pâtisserie-chocolaterie, avec en spécialité de base, on s'en doute, le miel!

Miel

Les abeilles, affairées, font le travail, butinant de fleur en fleur pour récolter le nectar qu'elles déposent dans la ruche (cinq litres de nectar donneront un litre de miel). Le choix des fleurs a une incidence sur la couleur et la saveur du miel, l'apiculteur le sait d'expérience, son métier remonte au VIIᵉ siècle. Cependant, l'usage du miel date de temps beaucoup plus anciens; en Occident, ce sera pendant longtemps le seul édulcorant connu.

Le préoccupation constante de l'entreprise est d'offrir des produits personnalisés et de grande qualité.

Au Musée de l'abeille, on confectionne des pâtisseries et des gâteaux au chocolat avec intérieur miel, des sorbets maison, des grignotines et, bien entendu, une gamme variée de chocolats maison avec différents intérieurs.

Il faut ajouter que ce commerce a rapidement pris de l'expansion, avec l'établissement d'un réseau de clients composé de restaurateurs et d'hôteliers de la région de la capitale.

L' Œuf
restaurant

229, chemin Mystic

MYSTIC, J0J 1Y0

☎ 450.248.7529

Pier D. Normandeau, ancien antiquaire et enseignant en art, décide, en 1984, de changer le cours de sa vie. Avec son épouse, il achète l'ancien magasin général de Mystic, datant de 1860. Vous allez dire que pour un antiquaire ça n'a rien de surprenant!

Mystic, gentil et sympathique petit village de la Montérégie, s'enrichit alors d'un gîte, d'un restaurant, d'un salon de thé et, par la suite, d'une chocolaterie.

Comme plusieurs autres dans le milieu, Pier suit son premier cours en chocolaterie à Montréal, à l'Institut Barry. À partir de là, des recherches personnelles l'amènent à suivre d'autres cours à Paris et à Meulan (France), et à effectuer plusieurs voyages en Europe pour visiter un très grand nombre de chocolateries artisanales parmi les plus réputées. C'est ainsi qu'il se ressource, se met au goût du jour, tout en vérifiant si son travail le mène dans la bonne direction.

Quitte à nous répéter, Pier est un passionné de la matière chocolatée. C'est ainsi que les fervents entretiennent la véritable dévotion que ce produit exige de ses adeptes.

En fabrication, il reste très proche des classiques, mais il évite la surproduction de ganaches dont la durée de vie est aussi courte que celle de la crème. En plus, question fraîcheur et nouveauté, il fabrique ses propres caramels, et souhaiterait concocter ses pralinés. Pour ce faire, il envisage l'acquisition d'une broyeuse.

Broyage du praliné

Lorsque les noisettes ou les amandes, grillées ou non, sont caramélisées et presque froides, on peut procéder au broyage. Cette opération consiste à passer la masse pralinée dans une broyeuse à cylindres afin d'obtenir une pâte homogène et fine.

Pâtisserie aux Beaux Tilleuls

478, avenue Victoria
SAINT-LAMBERT, J4P 2J4
☎ 450.671.6042

Frédéric Augustiwcic, un vrai Lorrain d'origine, a bourlingué dans différentes contrées de France et de Navarre avant d'aboutir au Québec. Les régions parisienne et lyonnaise, la Savoie et le sud de la France, sans oublier la Corse, l'ont vu passer. Tout cela après avoir entrepris et terminé son apprentissage de confiseur-pâtissier à l'âge de quinze ans, en région lyonnaise.

Muscadine

La muscadine, un chocolat fourré, doit son nom au fait que sa forme imite celle de la noix muscade. Cette noix ridée de couleur brune et de forme ovoïde est employée en cuisine comme épice.

Dès son arrivée au Québec, il travaille dans plusieurs pâtisseries de la grande région montréalaise avant d'acheter, il y a sept ans, la pâtisserie qui allait devenir les Beaux Tilleuls.

Dans sa boutique avec salon de thé, il accorde une très belle place aux chocolats faits maison.

On trouve aussi un grand choix de ganaches bien panachées, des muscadines, des pralinés à l'orange, des chocolats au lait et aux fruits de la passion, des caramels au beurre salé (breton), des truffes à l'érable, appelées «Douceurs du Nord».

Pâtisserie de Gascogne

6095, boulevard Gouin Ouest

MONTRÉAL, H4J 1E4

☎ 514.331.0550

Depuis 1957, la Pâtisserie de Gascogne connaît une renommée qui ne se dément pas. C'est un haut lieu incontournable pour qui veut émoustiller ses papilles et satisfaire ses envies gourmandes.

L'ambition de cette grande maison est d'offrir un éventail de saveurs pouvant satisfaire les palais les plus fins. C'est dans cet esprit que la gamme de chocolats a été lancée à l'automne 1983. Elle se compose, aujourd'hui, d'une quarantaine de bonbons différents rivalisant de raffinement, de finesse et de créativité.

Ces chocolats sont fabriqués exclusivement avec des matières premières de tout premier ordre, ce qui veut dire aussi que leur conservation est limitée dans le temps.

Ici, les produits sont maintenus à une température constante de 17 °C, à un taux d'humidité de 55 %.

Gateaux et chocolat

Nul doute, le chocolat et les pâtisseries font bon ménage. Mais cette alliance heureuse n'est courante que depuis le XIXᵉ siècle. Il semblerait que ce soit la sachertorte, créée en Autriche, qui aurait été le premier gateau à base de chocolat. Depuis, charlottes, forêts-noires, opéras, marquises, tiramisus, éclairs, brownies, font les délices des becs sucrés d'ici et d'ailleurs.

Pâtisserie de L'Île-Bizard

630, boulevard Jacques-Bizard
ÎLE-BIZARD, H9C 2X2
☎ 514.626.7058

Philippe Gouyet est né dans la pâtisserie. De père en fils, la lignée est une inconditionnelle de la matière sucrée. Il a suivi la croyance populaire de sa Normandie natale voulant que notre route soit toute tracée!

Ayant obtenu ses diplômes de pâtissier, il part pour Paris, comme le font presque tous les provinciaux. À la suite de plusieurs stages en chocolaterie, il devient, comme plusieurs, un passionné de la matière chocolatée.

C'est également à Paris qu'il rencontre Isabelle, celle qui deviendra son épouse. Propriétaire d'une boulangerie-pâtisserie dans la capitale française durant 19 ans, le couple vient tous les ans au Québec pour y passer ses vacances. Le charme de la Belle Province opère si bien qu'en l'an 2000, Isabelle et Philippe s'établissent d'une manière définitive au Québec.

Leur boutique est installée à L'Île Bizard, dans la boulangerie-pâtisserie du même nom. Dans cet établissement, les discussions les plus animées sur les secrets du chocolat s'éternisent; le petit monde de la création de Philippe est en pleine effervescence; les rêves se mêlent à la réalité.

Durant ce temps, en magasin, Isabelle fait découvrir aux clients insulaires de ce coin du Grand Montréal toutes les nouveautés concoctées par son illustre mari, une petite chanson et un brin d'humour en surplus, preuve que le chocolat et ses arômes sont un précieux adjuvant pour entrenir la convivialité.

Paroles sucrées

Sur des airs connus, des refrains repris en chœur nous rappellent combien le chocolat et les bonbons ont inspiré chanteurs et musiciens.
« Bonbons, caramels, esquimaux, chocolat », chantait Annie Cordy, tandis que Dalida n'hésitait pas, malgré leur attrait, à les refuser, ces mêmes caramels, bonbons et chocolats.

Pâtisserie de Savoie

Daniel Urech est un bon Suisse romand, malgré son nom à consonance germanique. Il vient de la ville de Vevey, en bordure du lac Léman, lieu du siège social de la multinationale Nestlé, où il a fait son apprentissage de confiseur-pâtissier.

Rocher

Cette confiserie classique a l'aspect d'un petit rocher, mais elle fond dans la bouche.
Elle consiste en un fin amalgame d'amandes, de noisettes concassées et grillées et de pâte de cacao.

Arrivé au Québec en 1984, il travaille durant deux ans à Montréal, dans des hôtels et des pâtisseries. Il fait une courte incursion à Vancouver en 1986, et revient assez rapidement au Québec. En 1989, il achète la Pâtisserie de Savoie, à Bois-des-Filion.

Comme les anciens propriétaires le faisaient avant lui, en plus des gâteaux et des pâtisseries, il confectionne ses propres chocolats.

Il présente beaucoup de montages pour Pâques, Noël et la Saint-Valentin et, comme tout Suisse qui se respecte, beaucoup de truffes, dont les framboise, fruit de la passion, cognac, Willamine, rhum, etc., ainsi que des muscadines et des pralinés, style rocher, tradition suisse!

Pâtisserie et boulangerie Dagobert

76, chemin de la Grande-Côte
BOISBRIAND, J7G 1C3
☎ 450.437.7771

Voilà bientôt trente ans que cette pâtisserie helvético-française a été créée (1977).

Hans Mathys, le fondateur, ayant décidé de se retirer tranquillement, ce sont François et Sylvie Lodi qui ont repris l'entreprise, en 2004.

François Lodi est originaire des Ardennes françaises, de Charleville-Mézières, pour être précis. Dès 1980, il a commencé son certificat d'aptitude professionnelle de boulanger-pâtissier. Il a ensuite repris un commerce dans la Meuse.

Son épouse et lui immigrent au Québec en 1997. François trouve tout de suite du travail dans une chaîne de boulangeries artisanales du Québec. Il y restera pendant deux ans.

En 1999, il devient copropriétaire et cofondateur du Moulin Lafayette de Saint-Sauveur, dans les Laurentides.

Chez Dagobert, mis à part la pâtisserie et la boulangerie en place, le couple renoue avec une longue tradition de produits dits «classiques» tout en ouvrant la porte à des nouveautés. Dans le rayon de la tradition suisse, l'on trouve donc des dagoberts, des grisons, des rochers suisses, des perles d'Alsace.

La maison offre une variété de plus de cinquante pralines, dont une douzaine comportent des intérieurs à l'alcool, ce qui permet un choix quasi illimité pour satisfaire tous les goûts de la clientèle.

Pâtisserie Liégeoise

2291, rue King Ouest

SHERBROOKE, J1J 2G2

☎ 819.569.3243

Fondée en 1968 par les frères Jean et Georges Fagnoul, la Pâtisserie Liégeoise fait partie depuis plus de trente-cinq ans de la vie sucrée des Sherbrookois. L'actuel propriétaire, François Fagnoul, issu de la même famille, poursuit la tradition.

Moulage

L'invention du moulage du chocolat est redevable à la mécanisation de la technique du broyage qui permit, à compter du milieu du XIXᵉ siècle, d'obtenir un chocolat de couverture à la texture plus fine. Depuis cette époque, qu'ils utilisent des moules en fer-blanc, en acier inoxydable, en plastique thermoformé ou en silicone, les concepteurs de moules rivalisent d'imagination pour créer des formes qui ravissent petits et grands.

Les deux fondateurs avaient une prédilection pour le chocolat noir, ce qui était peu fréquent dans les années 1970. Cependant, en raison du goût des clients, ils utilisaient tant le chocolat au lait que le chocolat noir.

C'est le propre d'un bon chocolatier que de fabriquer selon le goût de sa clientèle, mais aussi de lui suggérer des nouveautés, sans pour autant renier les produits traditionnels, il va de soi.

Aujourd'hui, à la suite de l'évolution des goûts et à cause de l'arrivée continuelle de nouveaux produits, les amateurs recherchent des chocolats à plus haute teneur en cacao. C'est ce qui permet à François d'offrir une plus grande variété de chocolats maison.

Soulignons enfin que, depuis les années 1980, la pâtisserie confectionne aussi des moulages de chocolat pour des fêtes telles que Noël et Pâques.

Pâtisserie Rolland

170, rue Saint-Charles Ouest
LONGUEUIL, J4H 1C9
☎ 450.674.4450

La Pâtisserie Rolland existe depuis 1940 à Longueuil. Les trois frères, Luc, Gabriel et Maurice, rachètent le commerce de leurs parents en 1974. En 1980, premier déménagement dans une bâtisse neuve, au sud de l'ancienne.

Actuellement, depuis 2002, une usine complète de production, située dans le centre industriel de Boucherville, regroupe tout ce qui concerne la fabrication dans les règles de l'art, aussi bien en pâtisserie qu'en chocolaterie.

Coupe du monde de la pâtisserie

En janvier 2005, se tenait à Lyon (France) la 9e Coupe du monde de la pâtisserie. Avec le gateau Saltimbanco (réalisé en partenariat avec le Cirque du Soleil), le pâtissier Christophe Morel, de la Pâtisserie Rolland, a remporté le grand prix du chocolat. Mousse chocolat, crémeux caramel, zestes de citron, nougatine aux noisettes et biscuit chocolat sans farine, nul doute que tout bec sucré veuille faire mille pirouettes pour se procurer ce délice maintenant couronné.

Il y aura, par la suite, création de succursales dans le cadre de l'expansion de l'entreprise.

Voilà donc soixante-cinq ans que l'entreprise fabrique ses propres chocolats. Comme beaucoup de pâtissiers de l'époque, spécialement à l'occasion de Noël et de Pâques, on ajoute à la production des moulages traditionnels.

Des ganaches diverses ainsi que des assortiments classiques et nouveaux font partie des produits offerts à la clientèle.

Le Petit Chocolatier

Joël Hayebin arrive en terre québécoise en 1995 avec, en poche, sa formation de chocolatier-pâtissier-glacier reçue en Belgique, son pays natal, et une riche expérience de travail en Belgique, en République tchèque et en Angleterre. Il possède donc un solide bagage professionnel.

Au Québec, il travaille d'abord pendant plus de trois ans dans la capitale. Ensuite, il se marie avec Annick, une gentille Québécoise. Les deux décident de s'associer et d'ouvrir leur petit commerce en août 2002, à Belœil. En plus d'offrir leurs produits sur place, ils profitent de six autres points de vente.

Joël est un authentique chocolatier. Il possède surtout la passion de ce qu'il fabrique. Il se tient constamment au courant des nouvelles tendances et des nouveaux goûts. Cela exige beaucoup d'essais, car il n'est pas toujours aisé de concilier chocolat et parfums de plantes, ou alcools. Grâce à ses recherches, il obtient de très bons résultats.

Au Petit Chocolatier, on trouve entre autres des ganaches tomates séchées et alcool du terroir, des ganaches aux herbes (romarin, lavande, cardamome, thym), des giandujas, des caramels maison, ainsi que différentes spécialités belges telles que les manons et les pralinés.

Caramel

En bref, le caramel est le résultat de la déshydratation du sucre sous l'action de la chaleur. Cependant, il faut avoir le tour de main pour le réussir. Au fil des ans, au gré de l'inspiration des artisans, la recette de base s'est enrichie, les confiseurs y ajoutant des parfums tels que le chocolat, le café, la vanille, le citron, l'orange, et y intégrant parfois noisettes ou pistaches. Le caramel, qu'il soit mou ou dur, au lait, au beurre ou à la crème, est un bonbon fort populaire, et ce, depuis des siècles.

Pour l'Amour du Chocolat

3540 A, boulevard Dagenais Ouest
LAVAL, H7P 1V7
☎ 450.624.0086

Annie Roggero a abordé sa carrière de chocolatière après des études et une longue période d'activité en comptabilité.

Hélas, être dans les chiffres à longueur de jour ne lui apportait pas le bonheur qu'elle cherchait. C'est en découvrant le chocolat, il y a sept ans, qu'elle a senti que sa véritable vocation allait s'y réaliser.

Avec le temps, cette passion prend tranquillement sa place et Annie décide de répondre à l'appel de la noble matière. En 1997, elle s'inscrit à des cours à l'Institut de Barry Callebaut. Chaque année depuis, elle y retourne afin de se tenir au courant des nouvelles tendances, des nouvelles techniques et des nouvelles recettes.

Elle est également allée à Meulan pour se ressourcer, et a visité des salons divers, tels qu'Intersuc, le Candy-Show de Philadelphie et le Forum du chocolat de New York.

Elle travaille beaucoup avec des moules aimantés de diverses formes qui lui permettent d'utiliser des feuilles de transfert aux motifs variés.

Elle a une prédilection pour la création de produits exotiques telles que des ganaches aux fraises et au basilic, à l'abricot et au romarin, ou aux pêches et à la lavande.

Médecine et chocolat

« Les personnes qui boivent régulièrement du chocolat se distinguent par leur bonne santé et leur résistance à toutes sortes de maladies mineures qui troublent la sérénité de la vie », affirmait Anthelme Brillat-Savarin (1755-1826). Dès le XVIIe siècle, on accordait au chocolat des propriétés médicinales, comme celle d'être un reconstituant ou d'aider à la digestion. « Physiquement et moralement salutaire », clamait Napoléon III.

# Le Rêve doux

287, Route 138
LES ESCOUMINS, G0T 1K0
☎ 418.233.3724

Els de Schuetter et Rudy Cuyvers désiraient, comme beaucoup d'Européens, s'installer au Canada. Ils se sont longuement promenés, tant au Québec qu'à l'extérieur, à la recherche de l'endroit idéal pour s'installer. C'était en 1998.

Pour passer du port d'Anvers, en Belgique, aux Escoumins, sur la Côte-Nord, il fallait avoir un certain goût pour la vie dans la nature et l'éloignement. Ce coin de pays correspondait pourtant à leur idéal et se prêtait à leurs rêves.

S'installer dans un village de deux mille habitants semblait un geste téméraire. Les villageois, en les voyant s'établir, doutaient du réalisme de leur projet.

L'axiome selon lequel la foi peut déplacer des montagnes semble s'être appliqué dans ce cas spécifique. Toujours est-il que les habitants des Escoumins et de tous les villages avoisinants ont été rapidement conquis par les produits offerts et se sont également pris d'affection pour nos chocolatiers aventureux.

> ## Pâte d'amandes
> *La pâte d'amandes est obtenue en combinant des amandes mondées et séchées (33 %) avec du sucre (66 %) mêlé à un peu d'eau et préalablement cuit à 123 °C. Le mélange, une fois refroidi et broyé, offre une masse compacte que l'on peut façonner au gré de sa fantaisie.*

Après deux années de fabrication dans un local de fortune, ils ont construit la boutique dont ils rêvaient. Cette nouvelle construction leur a permis d'installer une boulangerie, un restaurant, ainsi que leur chocolaterie, au cœur même du village, en face de la baie des Escoumins.

Parmi les produits offerts en chocolaterie, on trouve les traditionnelles pralines belges, ainsi que le nougat dur, la pâte d'amande, le praliné, les pistaches et diverses ganaches aux saveurs les plus variées.

Le Truffé
Pâtisserie-traiteur

2300, boulevard Père-Lelièvre
QUÉBEC, G1P 2X5
☎ 418.681.3384

Alain Bolf est originaire de Grenoble, en France, où il a obtenu son certificat professionnel en restauration et pâtisserie. À l'époque, comme c'était la coutume, il a fait son Tour de France du métier pour acquérir son expérience.

Il arrive au Québec en 1977, et travaille alors, comme tout nouvel immigrant, dans divers établissements.

En 1988, il ouvre son propre commerce de pâtisserie et service de traiteur à Québec, dans le secteur de Duberger. En 1994, il crée un second établissement, à Saint-Nicolas.

Alain est conscient que, dans les métiers de créativité tels que la pâtisserie, le service de traiteur et la chocolaterie, seule la formation continue, tant pour lui-même que pour son personnel, permet de se tenir à jour; le résultat sera la satisfaction de la clientèle.

Ce souci constant de demeurer à l'affût des nouveautés se concrétise dans le cycle de présentation de nouveaux produits offerts dans ses établissements. La clientèle apprécie cette mise à jour et le lui fait savoir.

Alain est constamment engagé dans les milieux professionnels et dans la formation des jeunes. En 2004, lors de son gala annuel, la Société des chefs, cuisiniers et pâtissiers du Québec (SCCPQ) lui a décerné le titre envié de Chef pâtissier de l'année.

Ses chocolats restent dans la tradition de la chocolaterie française : truffes variées, palets d'or ainsi que diverses ganaches.

Bibliographie

ADLER, Anne, *Les voluptés du chocolat*, Montréal, Les Éditions Québécor, 1999, 161 pages.

ANQQ, greffe Louis Chambalon, inv. décès de François Provost, 13 juin 1702.

ANQQ, inventaire après décès de Chs. Aubert Lachenaie, 27 octobre 1702

AUDET, Bernard, *Se nourrir au quotidien en Nouvelle-France*, Sainte-Foy, Les Éditions GID, 2001, 367 pages.

BAVOILLOT, Ghislaine, dir., *Le livre du chocolat*, Paris, Flammarion, 1995, 216 pages.

D'AMICO, Serge, dir., *L'encyclopédie visuelle des aliments*, Montréal, Les Éditions Québec Amérique, 1996, 688 pages.

FRANKLIN, A., *Dictionnaire historique des arts, métiers et professions exercées dans Paris depuis le XIIIᵉ siècle*, Marseille, Laffite Reprints, 1905.

KHODOROWSKY, Katherine et Hervé ROBERT, *L'ABCdaire du Chocolat*, Paris, Flammarion, 1997, 119 pages.

SIMON, Michel, *Desserts gourmands au chocolat*, Paris, Éditions Atlas, 1987, 92 pages.

Amandes princesse

Les amandes princesse sont faites d'amandes grillées et caramélisées que l'on enrobe dans du chocolat noir.

SITES INTERNET

Cantalou-Cemoi, chocolatier
http://www.cemoi.fr, consulté le 23 février 2005.

Choco-Club, le portail du chocolat
http://www.choco-club.com, consulté les 21 et 22 février 2005.

Chocosuisse, l'histoire du chocolat
http://www.chocosuisse.ch, consulté le 15 septembre 2004.

Crokchoc, le site des croqueurs de chocolat
http://www.crokchoc.org, consulté les 21 et 22 février 2005.

Cuisine-DZ, la référence de la gastronomie algérienne
http://www.cuisine-dz.com, consulté le 18 février 2005.

IUFM (institut universitaire de formation des maîtres) de l'Académie
de Lyon, L'histoire du chocolat
http://web.lyon.iufm.fr, consulté le 7 février 2005.

Klaus, chocolatier
http://klaus.com. Consulté le 7 février 2005.

L'Encyclopédie de l'agora : le chocolat
http://agora.qc.ca, consulté le 22 février 2005.

Skynet, La fabuleuse histoire du chocolat belge
http://skynet.be, consulté 7 février 2005.

UQAM, Petite histoire du chocolat
http://www.er.uqam.ca, consulté le 15 septembre 2004.